LA LÉGION TRICOLORE EN ESPAGNE
(1936-1939)

Henri Dupré

LA LÉGION TRICOLORE EN ESPAGNE
(1936-1939)

Préface de Pierre Costantini
Postface de Sylvain Roussillon

Reconquista Press

Illustrations : Elsen

La Légion tricolore en Espagne, 1936-1939
Initialement paru aux Éditions de la Ligue française en 1942

© 2020 Reconquista Press
www.reconquistapress.com

ISBN : 978-1-912853-21-2

PRÉFACE

CE n'est pas d'hier que les Barbares de l'Est poursuivent leur domination de l'Europe.

Napoléon — à la pensée de qui on est fatalement amené dès qu'entre en jeu la défense de l'Ordre occidental — a fixé le sens et comme la stratégie de l'avenir, pour les combats où seront engagés les soldats du Continent, porteurs du flambeau de l'intelligence et de la dignité humaines.

Napoléon — un recul de cent trente années nous aide à le mieux comprendre — a détourné des pays méditerranéens l'avalanche asiatique, malgré la terrible retraite de Moscou.

L'échec de la gigantesque entreprise — prématurée ou trop audacieuse — de l'Empereur des Français a permis aux forces juives de reprendre leur plan d'invasion de l'Europe, au moyen de la machine infernale de toutes les Russies coalisées et fanatisées par la tyrannie judéo-ploutocratique d'une Tchéka, féroce au-delà de tout ce qu'a connu l'humanité.

L'Italie, attaquée, a senti se réveiller dans son sang — et se dresser — l'âme de la Rome antique, symbolisée par Mussolini.

La France, attaquée à son tour, mais enjuivée et, par suite, désorganisée et désarmée, a failli sombrer sous le flot rouge.

L'Espagne, fièrement, a opposé le veto de Franco à la marée sanglante des entreprises judaïques.

La masse énorme des Soviets, avec une bestialité farouche, est montée à l'assaut des bastions de l'Ordre européen.

Que serait-il advenu de l'Europe, si l'Espagne avait cédé ? Maintenant que l'on sait, on peut affirmer que c'eût été la fin de l'Europe et de notre civilisation.

Gloire à ceux qui ont opposé leur poitrine et leur intelligence au déferlement des ténèbres moscovites !

La guerre d'Espagne préfigurait la guerre actuelle.

D'un côté, les rouges de Blum, de Thorez, du Front populaire, des officiers franmaçonnards et enjuivés, comme ce colonel aviateur Cahuzac, nommé par Pierre Cot attaché militaire en Espagne rouge.

De l'autre côté, une poignée de Français — le dernier carré de la France — ceux de l'Action française, ralliés autour du drapeau maurrassien de la Latinité et rassemblés aux côtés de Franco, aux côtés des Italiens de Mussolini et des aviateurs allemands.

Avec l'éloignement dans le temps et le développement des événements, la vérité s'est dégagée. On commence à découvrir que le bon sens français a grandement contribué à démantibuler les forces soviétiques pointées contre l'Occident.

Comment ?

Lisez ces pages, et vous le saurez.

Il y a là des révélations de première importance. Elles nous apprennent qu'à côté de la France enjuivée du gouvernement de Blum, de Zay et de Cot, il y avait, malgré tout et quand même, la France française, la France de l'ordre, du bon sens et de la propreté.

À côté de la France égarée, l'intelligence française brillait comme une épée.

Monsieur le Maréchal ! Si le général Franco estime la France, et si on aime encore notre patrie en Espagne, malgré les folies d'infâmes politiciens, dont tous ne sont pas en prison (mais qu'attend-on pour les y jeter ?), c'est, certes, grâce à vous. Mais aussi grâce au sacrifice de Français comme le capitaine

PRÉFACE

Bonneville de Marsangy et de tant d'autres, qui ont combattu sans défaillance pour la France éternelle. Enfin, c'est grâce aux héros inconnus, soldats obscurs qui ont travaillé dans l'ombre, obstinément, risquant leur vie, bâtissant le rempart français sur le volcan bolchevik, avec une vaillance et une perspicacité sans exemple.

Le récit qu'on va lire montre l'indomptable efficacité de cette action et de cette foi.

Leur héroïsme fut d'autant plus méritoire qu'il n'a pas eu le soutien et la récompense de la grande lumière et qu'il avait l'obligation de rester ignoré...

Cette poignée de Français — une élite — c'était déjà la « Légion Tricolore ». Ainsi l'avait-on baptisée, dès cette époque !...

Monsieur le Maréchal ! De cette extraordinaire phalange de Français, il ne reste que trois. Ils ont défendu notre honneur militaire, au moment où il sombrait dans les âmes, avant de sombrer par les armes.

J'éprouve une grave fierté à présenter au public, bassement trompé, les exploits de ces Français d'avant-garde, de ces pionniers qui, à tous risques et périls, seuls et de leur propre élan, montrèrent la route à leurs compatriotes malheureusement aveugles.

Légionnaires du Front de l'Est, que j'ai vus au combat, dans les plaines de l'Est, qui avez vos morts et vos blessés, vos deuils et vos gloires, comme il est réconfortant de penser, pour l'honneur de notre patrie, que vous eûtes des aînés dignes de vous !

Monsieur le Maréchal ! Ces hommes ont été à la peine. Appelez-les à l'honneur !

Pierre Costantini
Paris, 24 juillet 1942

MAI 1936. — Triomphe officiel du Front populaire, mais, en fait, triomphe du Communisme. En vrac, les valets de Moscou entrent à la Chambre des députés. Sans doute, ne s'installent-ils pas eux-mêmes aux « leviers de commande » gouvernementaux : ils laissent les socialistes se subroger à eux dans la direction des affaires de la France. C'est plus commode.

Tout de suite, les hommes de Staline se prodiguent dans les œuvres du Komintern. Tapies dans leurs termitières plus ou moins camouflées, les Éminences grises de la Troisième Internationale dictent à leurs commis socialistes des oukases du Kremlin.

Première rafale : les usines sont occupées, les chantiers désertés, le commerce anesthésié, frappé de paralysie. Jeté dans une chaudière immense, tout ce qui fut la France d'autrefois bout pêle-mêle. Rageusement, les vainqueurs du jour précipitent dans la cuve, les unes après les autres, les valeurs millénaires. Prisonnier de ses complices, le gouvernement est obligé de lâcher du câble. Tandis que, dans les antichambres ministérielles, se joue le drame de la Nation, les classes moyennes, armatures du pays, secouées d'une angoisse tardive, mais honteuses et ankylosées, ne songent plus qu'à se replier sur elles-mêmes.

Il en est cependant qui espèrent encore dans un retour de fortune, escomptant la puissance irrésistible de l'Or, et font confiance aux groupements qui, récemment encore, jetaient feu et flamme contre les Révolutionnaires, au cours de manifestations théâtrales. À l'heure de l'action, ces grands pourfendeurs en restent aux mots, que le vent emporte.

Mais il en est d'autres, certes bien peu nombreux, et combien disséminés ! qui ne perdent pas la foi, décidés qu'ils sont à barrer la route à l'emprise étrangère, à abattre les stipendiés du Kremlin, qui voudraient danser la *Carmagnole* sur les décombres de la France.

Carence des partis, faiblesse et veulerie de la plupart des « nationaux », trahison des bien-pensants qui ne valent pas la peine d'être nommés, c'est devant ce terrible « climat » que se trouvent ceux qui se refusent à désespérer de la santé de la France.

Pourtant, tenter une action de front, du genre de celles où se complaisent les héritiers de Brest-Litovsk, serait folie. Un repli stratégique s'impose, afin d'élaborer un plan de combat à échéances, et, en premier lieu, afin d'ausculter et de pénétrer l'ennemi.

C'est cette œuvre de salut public que va tenter une poignée de « fanatiques ».

L'aventure d'Espagne leur offre une occasion inespérée d'éprouver leur chance. C'est ainsi qu'en juillet 1936 naît la « Légion Tricolore ».

Des combattants de la première heure, nombreux sont ceux qui ont payé de leur vie... Ceux-là n'ont pas vu se lever, en Espagne, l'heure de la rédemption, eux qui avaient contribué, machiavéliquement, à saboter la plus formidable des entreprises montées par le Communisme contre les peuples d'Europe : la Révolution espagnole.

Maintenant que l'effarante machination a été brisée, il est permis de soulever un coin du voile qui recouvrait jusqu'alors l'odyssée accomplie, avec une audace déroutante, par les « Légionnaires aux Trois Couleurs », dans les rangs et jusque dans la péninsule ibérique.

Embrigadés dans les unités bolchevisées de l'Espagne du « *Frente Popular* », ils ont poursuivi méthodiquement la destruction du matériel, la révolte des âmes, leur entreprise de désertion sur les forces importées par la Troisième Internationale dans la péninsule ibérique.

Inconnus hier, ils doivent maintenant encore (pour trop de raisons qu'on devine) garder l'anonymat. Le microbe bolcheviste n'a pas encore trouvé son vaccin.

Mais les pages qu'on va lire, transcrites d'après le carnet d'un des chefs de la « Légion », ont une éloquence qui se suffit à elle-même.

INTRODUCTION... DANS LE SÉRAIL

En ce mois de juillet 1936, entrer dans la « bergerie » communiste est à la portée de tout un chacun. Le parti s'abandonne à l'ivresse d'une victoire qui a dépassé ses prévisions les plus osées. Aussi ouvre-t-il les bras à tout venant, aussi accueille-t-il généreusement toutes les conversions.

Dans la masse amorphe des hurleurs, les « Légionnaires Tricolores » paradent au premier rang, accompagnant, de leur enthousiasme en « peau de lapin », les ténors de l'Internationale et leurs délégués, tactique élémentaire pour inspirer confiance. Aussi, les portes du sanctuaire bolcheviste s'ouvrent-elles à notre phalange, sans coup férir !

Voici trois mois que nous sommes dans le Temple. Nous attendons encore la joie d'une découverte intéressante, et c'est en vain que nous aiguisons notre vigilance. Fifres ou sous-fifres, tous ceux qu'on a parés de quelque responsabilité nous apparaissent de seconde, sinon de troisième zone.

La « troupe » dans laquelle nous figurons, semblable certainement à toutes les autres du genre, est une « horde » de l'espèce « hétéroclite », et qui, par principe, s'interdit de se plier à la discipline qui, depuis toujours, fait la force des armées.

Dans la tourbe des galonnés mineurs, grouille une « séquelle » apatride, pétrie de hargne, assoiffée de parade, blêmie d'ambitions refoulées.

L'ambiance ? Une atmosphère de basses intrigues, du haut en bas de l'échelle.

En bref, une fourmilière en mal de pullulement, sans âme et sans force, sans autre passion qu'une rage froide et constamment renouvelée, courant éperdument à la « foire d'empoigne » de toutes les valeurs négociables.

Voilà donc un trimestre que nous traînons notre inutilité dans ce milieu. Ce n'est pas là que nous trouverons à exercer notre activité. Ce n'est pas de cet observatoire médiocre que nous démêlerons les fils conducteurs de la grandiose « organisation » du Komintern. Nous nous rendons compte, après ces trois mois de « fraternité » que, pour nous, jeunes néophytes de la Troisième Internationale, ce n'est pas à l'ombre de « camarades » que nous atteindrons nos buts.

Il faut donc changer de « climat ».

Par bonheur, les événements vont nous servir miraculeusement.

LES « VOLONTAIRES » DE LA LIBERTÉ

SEPTEMBRE 1936. — L'Espagne est en pleine révolution. L'U.R.S.S. a lié partie avec le gouvernement républicain de Madrid. Concours d'abord limité à l'envoi d'armes et de munitions, qui, bientôt, se double d'un envoi de troupes que la Troisième Internationale veut massif... et... international... Bien entendu.

On s'agite terriblement à Paris dans les cellules de quartier.

Le Parti crée un corps de Volontaires, qui va aller combattre dans la péninsule, aux côtés du peuple espagnol, menacé dans ses libertés et dans son existence, par une hideuse « Réaction »... Des millions sont déjà réunis, qui financeront cette croisade. L'armée prolétarienne ne manquera de rien.

Une semaine d'attente, de bobards, et d'exaltations communicatives... Les listes d'enrôlement se couvrent de signatures... On fait tout d'abord appel aux seuls volontaires : si leur nombre n'est pas suffisant, il sera toujours temps de procéder à des désignations d'office.

En vérité, les listes se remplissent en un tournemain, tant la racaille des apatrides, qui infestent Paris, se rue à la curée. L'expédition d'Espagne n'est, selon le buccin de nos chefs, qu'une « promenade » avec toutes les satisfactions qu'elle comporte : primes alléchantes, soldes de boyards, ainsi qu'une gerbe de « suppléments » paradisiaques, qui mettent l'eau à la bouche. Les mercenaires de Franco, à la seule vue des soldats de la Révolution, n'auront d'autre alternative que de déposer les armes, sans tirer une cartouche, et de s'enfuir en Afrique, d'où ils viennent.

À l'issue d'une réunion, le hasard me met en rapport avec un « gros légume ». Il faut croire que ma tête lui revient. La sienne, je l'avoue, ne me déplaît pas. Son couplet sur la Révolution, simple et fort, sent la sincérité. L'affaire d'Espagne, d'après lui, « servira de pierre de touche au Parti communiste pour mesurer ses forces ». Personnellement, mon interlocuteur (dont j'ignore le nom, et que je ne reverrai jamais) est persuadé que, en venant au secours de la République espagnole, le Parti s'assurera des positions de premier ordre en Europe, étant admis *a priori* que la victoire totale et fulgurante ne fait aucun doute.

Enrôlons-nous avant la clôture des premières listes. D'un bloc, la « Légion Tricolore » va s'intégrer dans un bataillon des « Volontaires de la Liberté ». L'occasion cherchée s'est offerte : nous ne la laissons pas échapper.

La consigne liminaire, que je passe à tous les « Légionnaires », est d'étaler un zèle à nul autre pareil, un dévouement sans bornes à la « Cause », une foi magnifique, c'est-à-dire de fournir à nos chefs un faisceau de gages propres à nous concilier leur confiance. À nous ensuite de cheminer prudemment, pour atteindre jusqu'aux secrets du sérail rouge, jusqu'aux bureaux politiques et militaires, et de travailler silencieusement, sans ménager forces ni peines, dans le sillage des pontifes du « Parti ».

Le 4 octobre 1936, nous embarquons à la gare d'Austerlitz. Nous sommes vingt « Légionnaires », disséminés dans les trois centaines de Volontaires de ce convoi. Avant ce départ décisif, il a été convenu entre nous que « nous ne nous connaissons pas les uns les autres », pas plus que nous ne connaissons les « camarades » qui partent avec nous. Silence donc à tous, en tout, sur tout, partout !

Le détachement des « Volontaires » fait triste figure : un troupeau brinquebalant, dont les trois quarts sont déjà saouls.

LES « VOLONTAIRES » DE LA LIBERTÉ

Les « responsables », qui nous encadrent et nous commandent, sont à l'échelle de leurs ouailles.

La nuit passée dans le train est sans histoire, comme sans sommeil. Au matin, nous touchons Perpignan.

PERPIGNAN

Descente sur le quai, dans un superbe désordre : cris, chants à pleines gueules, tandis que les « responsables », venus de Paris avec nous, vont à la recherche de leurs « alter ego » de Perpignan qui doivent nous prendre en charge, pour nous faire « sauter le pas » de la frontière.

Deux heures durant, nous demeurons parqués dans la cour de la gare. Nous aurait-on oubliés ?

Je profite de cet intermède pour échanger quelques mots avec mes « amis » et leur confirmer la consigne, en exagérant, avec intention, la nécessité d'une prudence absolue : méfions-nous. En effet, « l'œil de Moscou » est terriblement actif.

En route enfin. Direction : Maison du Peuple. Nouvelle pose devant la bâtisse du Parti. Je me laisse choir sur mon barda.

La nuit en wagon et les transbahutements de Perpignan m'ont courbaturé. Je sommeille : pas longtemps, d'ailleurs.

— Camarade ! me lance un « Volontaire » qui secoue sans aménité ma torpeur, on te demande au café d'en face.

Obscur soldat de la grande armée prolétarienne, un numéro comme des milliers d'autres, sans plus, pour quelle cause suis-je repéré dès la première étape, moi, qui, tout au long du voyage, ai suivi à la lettre les consignes des chefs, et observé un mutisme total ? J'ouvre les yeux tout grands.

Je suis cité à comparaître devant une caricature de tribunal : trois juges, dont un seul parle français. Celui-là, personnage sinistre entre les sinistres, est l'ex-maire de Millas[1], commune voisine de Perpignan. Ses deux assesseurs baragouinent dans un

---

[1] Je retrouverai plus tard cet individu.

langage qui m'est absolument inintelligible. Impossible de démêler leur nationalité. On m'interroge :

— Qui es-tu ? D'où viens-tu ? Tes papiers ?

Des papiers, j'en ai toute une liasse. Pourtant, si je les ai emportés avec moi, c'est contre l'avis de messieurs les « responsables » de Paris. *Ils estimaient ces références inutiles pour des hommes qui, aussitôt entrés en Espagne, devaient se changer en parfaits Espagnols… !*

J'étais donc tout gaillard d'avoir mangé en route cette consigne, étant de ces naïfs qui estiment que des papiers, scellés d'estampilles officielles, ça se garde sur soi, et qu'il est toujours utile de pouvoir les déplier au nez des gendarmes de tous les régimes imaginables…

Je les sortis donc, un à un, sans hâte. Je passai le premier à ces messieurs de l'Inquisition : c'était ma carte de membre du Parti : un « talisman ». Le ton de mes juges baissa subitement de deux octaves, condescendit à me faire connaître que, si j'avais été appelé devant le tribunal, c'est que j'avais été dénoncé au « responsable » du convoi de Paris par un « ange gardien », placé à mes côtés depuis le départ de la gare d'Austerlitz.

Cet « ange gardien », que j'avais ignoré, il me reprocha justement de l'avoir ignoré, et d'être resté silencieux à l'égal d'une carpe tout le long du voyage. Ce mutisme me rendait *ipso facto* suspect. Mon excellent protecteur mettait en parallèle mon silence à son endroit avec certains entretiens express que j'avais eus depuis Paris avec d'autres « camarades » et au cours desquels j'avais déclaré faussement que je gagnais Toulouse. Pauvre type !… Avais-je donc la bobine d'un monsieur qui confie le secret de ses déplacements à tout venant… et, n'avions-nous pas reçu l'ordre de tout voir, de ne rien dire… ou de dire le contraire de la vérité ?

Bref, après cet interrogatoire, la petite histoire montée contre moi tourna à la confusion du « responsable » de mon unité, qui fut tancé d'importance par le président, dont j'appris alors le nom : Kortet[1].

Quoi qu'il en soit, un grand merci des « Légionnaires Tricolores » à monsieur Kortet qui leur fit passer la frontière espagnole, fraternellement mêlés aux braves Volontaires de la Révolution.

Depuis notre débarquement en gare de Perpignan, un « camarade » attire mon attention. Il n'est pas ivre, comme à peu près tous les autres. Sa mise dénote, à l'opposé du débraillé général, un souci de propreté, voire même de chic.

Je me suis enquis de sa véritable personnalité. On m'a informé que c'était un ancien marsouin, une de ces têtes chaudes, dont fourmille la Coloniale. On me confie aussi qu'il est nanti d'une mission spéciale du Parti.

Je l'approche. Il se raconte abondamment et m'apprend qu'ancien colonial, en effet, il n'a jamais dépassé le grade de sous-officier. Il a terriblement bourlingué jusqu'aux antipodes et ne cache pas qu'il en a rapporté certaines habitudes et de non moins certaines préférences qui, dans notre hémisphère, sont taxées vices ou dépravations. Ce bagage assez spécial a permis en tout cas à mon interlocuteur de devenir le factotum du député Môquet, « lumière » plus ou moins diffuse du Parti.

Mon colonial était un aventurier authentique. Au bout de dix minutes de conversation avec lui, je suis convaincu qu'il est prêt à toutes les besognes, bien fait pour toutes les tractations douteuses.

Mon Geoffroy — c'est son nom — va être promu, du jour au lendemain, au grade de commandant.[2]

---

[1] Je reverrai Kortet promu accusateur public devant le tribunal d'Albacete, poste de commandement d'André Marty.
[2] Geoffroy se trouvera plus tard, bien inconsciemment d'ailleurs, dans

une position telle que, pour me servir, il se dévouera à une cause diamétralement opposée à celle qu'il était venu défendre.
Son cas sera celui de milliers d'autres, enrôlés dans l'armée prolétarienne, et qui, par choc en retour, rendront service à notre cause « légionnaire ».

PASSAGE DE LA FRONTIÈRE

Il fait nuit... Toujours parqués tels des moutons, dans la cour de la « Maison du Peuple » de Perpignan, nous attendons la sortie de nos « responsables », réunis, une fois encore, en conseil. Tout arrive..., même ces messieurs inespérés.

De proche en proche, et à voix basse, ils communiquent que « nous allons embarquer sur des camions qui nous mèneront jusqu'à un sentier perdu au pied de la montagne ». Voyage qui ne manquera pas d'imprévu, sans doute, mais, « vu les minutieux préparatifs pris par nous — dit notre chef —, ces quelques heures, à passer face à face avec les Pyrénées, ne seront qu'une délicieuse promenade ».

Feutrant nos pas, ainsi que des contrebandiers, nous suivons les bords d'un terrain vague, au bout duquel des cars nous reçoivent... En route, cette fois, vers la grande Aventure.

Au bout d'une heure, nous atteignons le pied des Pyrénées.

« Tout le monde à terre », et « silence hermétique », telles sont les consignes. On attend dans le noir, bouche close, que les divers éléments du convoi, chacun égaillé sur une route différente, aient rejoint le point de jonction où nous sommes arrivés.

Les camions déchargent, l'un après l'autre, leur cargaison de Volontaires. Maintenant : « À l'assaut ! »

Trois heures durant, nous grimpons et, sans nous en apercevoir, passons la ligne frontière. Il paraît que nous avons franchi la zone dangereuse à portée d'un poste de gardes mobiles... Des chiens ont aboyé, mais aucun être humain ne s'est montré. Les gardes sont restés dans leur poste. Comment leur douzaine d'hommes aurait-elle pu s'opposer à notre multitude ? À moins que ces excellents gardes n'aient reçu la consigne de demeurer bien tranquilles et de se chauffer auprès de leur brasero ?

Quoi qu'il en soit, le passage de la frontière s'inscrit certainement à notre actif comme un premier exploit, car, dès que nous avons pris pied sur la terre d'Espagne, c'est un concert de cris et de chants en toutes langues, prélude des grandes victoires de demain.

Les soldats de Franco n'ont qu'à se bien tenir... L'armée prolétarienne, immense et formidable, arrive au secours des « frères espagnols ».

Nous descendons maintenant vers les vallées ibériques. La lune, toute ronde et souriante, tombe, blanche sur les montagnes. Gigantesques, nos ombres nous devancent, nous entraînent. Nous oublions les fatigues du train, celles de Perpignan et celles de l'ascension.

Halte... première étape *tra los montes*.

Nous nous engouffrons, à grand renfort de coups de coude, dans une ferme promue au rang de casernement provisoire. On se dispute sans aménité les bons coins pour poser le barda et se détendre. Nous avons fait irruption dans la ferme, comme mars en carême, rien n'ayant été prévu pour nous recevoir. Je laisse les « camarades » tâter de l'étable à vaches, ou de la bauge à cochons, et m'en vais camper à l'air libre, derrière un tombereau, sur une botte de paille à peu près fraîche. À portée de vue, mes « amis » s'éparpillent. Sommeil. Rêves.

ORGANISATION COMMUNISTE

Le soleil à peine levé : « Debout, là-dedans ! ». De nos visages, le jour naissant accuse la pâleur, et rend plus misérables nos accoutrements de clochards. Les trois quarts des « camarades » n'ont pas de bagages. Certains, même, n'ont emporté aucun objet de toilette. Ne leur avait-on pas trompeté que le Parti pourvoirait à tout ?...

Sur l'air des lampions, ils vocifèrent :

— Du pain ! du pinard !

Clameurs qui se perdent dans le vent matinal. Ni boisson chaude ou froide, ni casse-croûte à l'horizon. Nos « responsables » ont sans doute des préoccupations d'ordre transcendantal, auprès desquelles les questions du ravitaillement de leurs hommes sont d'ordre mineur. Forcer les étapes, pour arriver au plus tôt à Madrid, réduire en hachis les hordes de Franco, voilà, paraît-il, ce qui prime tout le reste. Pour y parvenir, charmante ironie, nous devons mettre les bouchées doubles, sans avoir à nous mettre le moindre croûton sous la dent.

La carence de nos chefs, dès notre entrée en campagne, crée parmi nous un sérieux état d'inquiétude. La troupe a faim. Elle n'a touché ni vêtement, ni fourniment... Comme bien l'on pense, on gueule ferme dans le camp des Volontaires. Levée des revendications qui sert opportunément les plans de notre « Légion » ! Jouons un air d'hypocrisie, en donnant, à haute voix, le change aux braillards :

— Soyez patients ! colportons-nous de groupe en groupe, les débuts d'une organisation, aussi formidable et compliquée que la nôtre, ne vont pas sans à-coups. Aussi, n'accusez pas à tort et à travers, parce que, pour un jour, le ravitaillement se fait attendre. Convenez que les jeunes « responsables », qui vous ont amenés de Paris, peuvent être un peu désorientés sur une terre étrangère, qu'ils foulent pour la première fois. Mais ils vous mènent jusqu'aux grands chefs, qui, depuis des semaines, préparent minutieusement votre ravitaillement, votre armement, votre équipement, et qui, en tant que grands organisateurs et « camarades » indéfectibles, tiendront les promesses qui vous ont été faites...

Nous débitons au mètre des patenôtres de cet acabit, ce qui permet à nos « responsables » de s'éclipser à l'anglaise...

Les « pôvres » sont vraiment au-dessous de tout. Mais ils ne méritent pas malemort : on a choisi des primaires comme conducteurs d'hommes. Comment réclamer de ces « minus » une once de psychologie, une teinture d'organisation ? Tout cela dépasse le potentiel de leur matière grise. Devenus chefs de groupe parce qu'ils gueulaient, sans faiblir, dans les meetings, à un diapason surhumain, ils viennent en Espagne pour bien boire, bien manger, toucher leur solde, et, très éventuellement — en tout cas aussi peu que possible —, se battre.

Les « grands chefs », encore invisibles à nos yeux, ont commis une première faute en n'entretenant pas, dès notre arrivée en Espagne, le feu que la grande majorité possédait, et ne demandait qu'à attiser au fur et à mesure qu'elle se rapprochait du but de sa mission.

Si donc, dans la soirée, nous eûmes connaissance d'une odeur de frichti, il faut en reporter le bénéfice aux techniciens du système « D » qui se trouvaient parmi nous et qui, très simplement, s'en furent chacun de son côté à la... corvée de vivres. La faim des « Volontaires » est d'ailleurs si aiguë que les animaux sont écorchés vifs et jetés tels quels sur des brasiers géants. Au milieu des vociférations, pareils à des cannibales, les « camarades » se précipitent sur les quartiers de viande à peine bleuis par le feu. Les paysans espagnols, craignant le pire, ont d'eux-mêmes offert à notre sauvagerie déchaînée quelques barriques de vin du pays. Le charme du pinard opère sur l'énervement des « camarades » et sur leurs fatigues. Le gueuleton choit dans une ivresse presque générale. C'est l'instant que choisissent nos « cornacs » pour faire leur entrée en scène. Ils sont en joie : leur peuple s'amuse.

Ce délire collectif d'individus ayant perdu tout sentiment humain nous remplit, mes amis et moi, d'une douloureuse tristesse. Que peut-on espérer d'une pareille armée ? Serrons les poings, mes « Légionnaires », et ne perdons pas de vue notre mission.

Tout de suite, du reste, il nous faut agir et gagner la confiance de nos « frères de douleur ». Sachons les flatter et prendre sur ces pauvres gars, et, si possible, créer, peu à peu, le dispositif fatal avec lequel devront compter nos adversaires.

Je harangue moi-même les copains. Je leur rappelle la sainteté de notre croisade en Espagne. Je fais luire à leurs yeux la gloire qui nous attend... La « victoire » nous ouvre sa carrière... Tous, unis, nous mettrons à genoux le Fascisme et le Nazisme, l'Impérialisme, le Capitalisme, et toutes les formules du même tonneau.

J'ajoute, immédiatement après la première salve d'applaudissements, que, pour mériter de pareils lauriers, il importe surtout qu'une stricte discipline règne dans nos rangs, une discipline librement consentie, où chacun respectera son « camarade » et fera confiance à ses chefs. Je conclus mon improvisation par une discrète allusion à la curée de tout à l'heure, étant certain que pareils écarts ne se renouvelleront pas et que, désormais, nous nous comporterons, les uns envers les autres, selon les principes de la plus complète fraternité. Et allez donc !...

Mon succès d'orateur est indéniable. Je fais le plein des applaudissements et des approbations, dans un charivari de hurlements. Je calme ce débordement d'enthousiasme... car je ne tiens pas, à peine à pied d'œuvre, à provoquer la jalousie soupçonneuse des chefs de tous poils et de toutes plumes.

Notre fringale satisfaite, nous poursuivons notre route. Une étape de quinze kilomètres nous conduit à un « mas » perdu dans la campagne. C'est de ce point que des cars nous emportent jusqu'aux régions où la grande Espagne combat pour « défendre sa liberté ».

Nous roulons lentement sous un magnifique clair de lune. Dès le premier village apparaissent les marques de la Révolution : l'église n'est plus qu'un amas de pierres calcinées ; la plupart des maisons sont en ruines…

On nous dit que la petite commune que nous traversons s'enorgueillit d'avoir été le théâtre d'une des premières victoires révolutionnaires. C'est là, en effet, que le peuple, soulevé d'un élan subit, a joyeusement pillé et incendié l'église, égorgeant tous les prêtres, sans autre forme de procès : belle expérience pour la bourgade !

Une dernière pause avant Figueras, dans un hameau dont, en notre honneur, la « Maison du Peuple » a été transformée en salle de lunch. On nous sert du café et des liqueurs. Une soupe fumante ferait mieux notre affaire.

Un chapelet de personnages, dignitaires du Parti, nous dit-on, se succède sur l'estrade dressée au fond de la salle. Tous des inconnus pour moi, ces délégués des Comités centraux. Pluie de laïus en italien, en allemand, en français, en hongrois, en russe, etc., plus l'*Internationale*, à la fin de ces laborieuses salivations…

Leur pensum accompli, les discoureurs galonnés remontent dans les somptueuses autos qui les ont amenés. Ces messieurs cultivent les Hispanos, les Cadillacs, les Buicks… Ils ont du goût…

Aussitôt la caravane envolée, nous réintégrons nos cars de prolétaires inconscients et désorganisés.

FIGUERAS

Aux avancées de la ville, nous abandonnons la grande route pour le chemin du « Castillo » — le fort de Figueras, qui doit nous héberger. Pour fêter, à leur manière, notre arrivée, les écluses célestes s'ouvrent à portes béantes : la pluie dégringole magnifiquement. En quelques minutes, la cour où nous sommes « arrimés », en attendant la répartition du casernement, se fait cloaque de boue gluante, où se perdent, sans espoir de sauvetage, les derniers et squelettiques godillots de la plupart des Volontaires, blessés mortellement au cours de notre excursion en montagne.

Tandis que nous pataugeons et que, sur nos têtes, les cataractes se précipitent, les « responsables » se concertent... à n'en plus finir. Au bout d'une heure, enfin, des ordres fusent dans le brouhaha :

— Les Français, bâtiment du centre à gauche !... Cavalcades échevelées en direction des chambrées.

Hélas !... comme partout dans la région, la Révolution a passé à travers le « Castillo » : il n'existe plus ni portes, ni fenêtres. Le fort est traversé de tragiques courants d'air. Le Comité central a bien décidé d'affecter le « Castillo » au logement des Volontaires, mais il a oublié de l'aménager convenablement. Toute l'activité de l'intendance communiste s'est bornée à jeter en hâte, dans ce château des Hurlevents, quelques mauvaises paillasses.

Ainsi que prévu, les vociférations montent et roulent dans la tornade venteuse. La « Babel » des Volontaires vomit, en style faubourg, un torrent d'imprécations en toutes langues, sauf en espéranto. La fatigue a pourtant raison des hurleurs les plus enragés. À même la terre, les « camarades » se laissent choir, et, vaincus, pioncent.

Vraiment, l'exaltation des Soldats de la Liberté est justifiée : aussi imprégnés soient-ils encore de foi communiste, ils maudissent leurs délégués, qui, depuis des semaines, se trouvent en Espagne afin d'y préparer routes, étapes, casernements, élémentaires nécessités de la troupe.

Ces délégués, qui ont touché Barcelone pour recevoir les ordres du Comité central, et les exécuter, ne se seraient-ils pas un peu trop oubliés dans les cabarets à la mode de la « Rambla », et dans les délices de la capitale catalane ?...

Le jour est levé depuis longtemps lorsque je quitte ma casemate pour un rapide inventaire des lieux.

Le fort de Figueras, chevronné par l'âge, est ceint de fossés profonds, qui béent devant de hauts remparts. Malheureusement, beauté d'un passé légendaire, élégance de la cour d'honneur, délicates proportions des lignes architecturales, mystère émouvant des souterrains, tout cela est noyé dans l'immensité de la saleté qui règne ici. Cette saleté s'étend d'ailleurs jusqu'à la ville même de Figueras, à ses habitants, tant civils que militaires. La Révolution a soufflé par là...

Les miliciens espagnols casernés dans la ville, vêtus d'uniformes crasseux, promènent leur inactivité insolente dans les rues, entre les façades des maisons qui suent la misère et la désolation.

Au passage, j'interroge quelques-uns de ces troupiers. Ils parlent copieusement de la guerre... d'autant plus abondamment qu'aucun d'eux n'a encore fait le coup de feu devant l'ennemi. Bien entendu, ils proclament, à grand renfort d'exclamations hyperboliques, leur certitude dans la « victoire » de la cause prolétarienne. Secrètement, sans doute, ils ne se sentent aucune appétence pour aller porter eux-mêmes leur pierre à l'édification de cette « victoire ».

Mais, par contre, chacun des « braves » sans poils... se vante d'inscrire à son actif : qui, un prêtre abattu comme un chien ; qui, un noble torturé avec une lenteur raffinée ; qui, un suspect dénoncé par lui, et traîné en cour martiale. Ils ont, les uns comme les autres, acquis des titres particuliers à la reconnaissance de la République, pour l'œuvre d'épuration qu'ils ont menée avec une cruauté souvent hallucinante.

Chaque matin, les fossés du « Castillo » crépitent de leurs exploits. On y fusille régulièrement une fournée de suspects. Les dalles, inondées du sang du sacrifice, ne sont jamais lavées. Des flaques figées stagnent sur les pierres. Sur les murs un feu d'artifice d'éclaboussures, débris de cervelles éclatées. Stigmates horribles qui donnent le frisson. C'est donc cela qu'a voulu la République d'Espagne..., celle qui a soulevé, pour sa défense, l'enthousiasme des peuples qui se disent libres ?... La cause de Franco ne serait-elle pas celle que l'on a bien voulu immoler à la vindicte populaire ?... Je me défends mal contre un malaise atroce au milieu de ces ruines, de cette misère, de ces assassinats, de ce sang innombrable versé avec une frénésie farouche, de cette anarchie qui étend sa lèpre sur cet adorable pays catalan, vanté pour sa richesse, sa salubrité, la santé physique et morale de ses habitants, toujours cités en exemple à toute la péninsule.

Depuis qu'il est le maître, le *Frente Popular* a-t-il donc détruit jusqu'aux signes du passé ?...

Figueras, pourtant si éloigné du champ de bataille, respire, entre ses murs, le relent accablant de luttes sans merci.

De toute évidence, dans les rangs de l'armée prolétarienne, le « politique » a pris le pas sur le « militaire ». Les « responsables » politiques détiennent tout le pouvoir. Ils dictent leurs ordres aux chefs militaires sans ménagement, ravalant les techniciens au rôle de sous-ordres, pérorant interminablement, tels des bonimenteurs sur les tréteaux de la foire.

C'est en effet ici, partout et pour tous, une foire, une braderie, dont les toiles de fond font alterner des destructions et des misères. Une braderie veuve de ses éventaires chargés de charcuterie appétissante, veuve de ses estaminets où se débitaient autrefois, à la chaîne, moules et pommes frites à pleines assiettes.

À midi, enfin, on annonce le « jus ». Dans la marmite égalitaire, les Volontaires de la Liberté, se repassant l'un à l'autre des boîtes de conserve vides, puisent dans la mixture brune. Confraternité décisive... Les camarades l'apprécient-ils ? J'en doute. Déjà, je lis sur leurs visages des interrogations du genre de celle-ci : « Où sont passés les dizaines de millions collectés dans les cellules du Parti ?... » Premier « écot », leur disait-on à renfort de grosse caisse, « du prolétariat mondial en faveur de la République espagnole » et de ses héroïques défenseurs.

Quelques liasses de cette grande quête n'auraient-elles pu être utilement employées à l'équipement, à l'entretien et au voyage des Volontaires, démunis de tout, le ventre vide, l'esprit mauvais et la foi en charpie ?...

Oui, ce sont des réflexions de ce genre que je lis dans les yeux de mes « camarades » abrutis de fatigue, et déjà prêts à s'abandonner au cafard.

Mes pensées et mes déductions personnelles sont autrement brutales : les millions récoltés dans la poche des prolétaires n'ont jamais, à mon sens, franchi la frontière des Pyrénées. Ils ont subi de graves « accidents » de route dont certaines « grosses légumes » ont tiré plus ou moins bénéfice, et, vraisemblablement, beaucoup plus que moins.

Des inquiétudes de mes « frères », je compte tirer profit pour le travail en profondeur qu'il me faut accomplir. Exploiter intelligemment la carence des chefs, les discréditer en sourdine et distiller, goutte à goutte, le poison de la démoralisation.

Or, par un paradoxe étonnant, ce sont les chefs communistes, eux-mêmes, qui, dans cette lutte de sape et de mine, vont être nos meilleurs auxiliaires et nos plus zélés propagandistes !...

PRISE DE POSITION

L'INCURIE généralisée qui règne à Figueras, et qui sans doute n'est pas un cas unique sur la terre d'Espagne républicaine, pose de toute façon le problème majeur de l'organisation de l'armée prolétarienne. Pour en discuter objectivement, il faut approcher les grands manitous qui vont mener les Volontaires à la bataille. Tant que moi et mes amis ne coudoierons pas les « premiers plans », notre action sera larvée, inopérante et donc vouée à un échec sans rémission.

Cependant il serait aventureux de brusquer les choses. Au contraire, il est recommandé de montrer plus que jamais une prudence de serpent, jusqu'à ce que nous soyons dans la place. Le circuit fermé de Figueras ne se prête pas à des élans inconséquents.

Au bout d'une semaine de séjour dans la ville, nous attendons encore que les Volontaires soient initiés aux premiers exercices militaires. Il est vrai que nous avons d'autres distractions. Au long du jour, le fort retentit de meetings en série. Les thèmes se ressemblent : hymne à la gloire du Parti, dévotions verbales à l'adresse des dieux de l'Olympe communiste ; de Staline à Marty, en passant par Vorochilov, Dimitrov et autres divinités secondaires. Ces maîtres du ciel bolchevique vont, d'un souffle, sauver la République d'Espagne ; d'un geste, modeler la péninsule ibérique à l'image de l'Empyrée moscovite, et, par réflexe immédiat, instaurer en France et en Italie le bienheureux régime dont jouissent les moujiks de la grande Russie...

Entre chaque période d'interminables et vains discours que nous subissons, le peuple des Volontaires hurle, par ordre, l'*Internationale*. Le chant de vengeance et de haine court, frénétique, monte éperdument, martèle de son obsession les cervelles primaires des Volontaires. La terre promise des bonheurs immarcescibles déploie ses horizons splendides. Chante, chante encore, « Soldat de la Liberté » : la grande rédemption universelle est entre tes mains...

Tout pourtant, tout a une fin, même les discours sans fin, qui cessent faute d'orateurs... Et l'on a tant gueulé qu'on a soif, et qu'on a faim. Sus à la gamelle ! Elle est maigre : un mélange bizarre de pois chiches auxquels s'agglutinent des atomes de bidoche.

Le soir tombe, en même temps qu'on récure le fond des plats. Allons meubler nos rêves sur les paillasses, plates comme limandes et grouillantes de vermine, qui nous servent de lits.

Mais, aurions-nous par hasard l'indiscrète curiosité de savoir ce que font nos chefs tandis que nous essayons de reposer nos carcasses ?... Nous les découvririons, attablés devant un souper substantiel et délicat, dans le meilleur hôtel de Figueras ; ces messieurs récupèrent, après les « *events* » oratoires de l'après-midi.

Nous manquerions à tous « devoirs » si nous ne signalions à nos « camarades » le délicieux comportement de nos dirigeants. Rien n'est plus accessible à des simples que des visions simples : celles de nos chefs se gobergeant tandis qu'on nous inflige un brouet sordide, et roupillant sur un lit de plumes, lorsque nous croupissons sur une litière infecte, font partie de la meilleure des propagandes. La publicité est un art, à condition absolue qu'elle touche au point sensible ceux qu'elle doit convaincre. C'est là le premier des commandements de notre « Légion ».

Nous en vérifions la valeur et la portée au cours des jours suivants, avec le nombre grandissant de nos succès moraux. Certes, ce sont là des victoires encore très réduites, mais qui ont leur valeur, encore que nous n'ignorions pas ce que demain nous réserve, là-bas, sur la ligne de feu : la pleine mesure de notre dispositif de patience et de volonté acharnée.

PRISE DE POSITION

Nous connaissons surtout notre étrange situation personnelle : nous n'existons et ne pouvons durer qu'en tant que destructeurs ou saboteurs du potentiel militaire, mais nous n'avons chance de réussir notre *business* qu'en nous appuyant sur une sérieuse organisation militaire. Or, c'est en vain que je scrute l'horizon, jusqu'à présent borné. Faudra-t-il toujours marquer le pas ?...

Providentiellement, la chance m'effleure d'un beau sourire lorsque je n'escomptais que difficultés et durs commencements...

LE COMMANDANT JEAN-MARIE

On vient de nous annoncer qu'un « brave à trois poils » est appelé à nous commander. Son arrivée est imminente. L'as en question s'est magnifiquement distingué au cours de luttes sanglantes et forcenées dont Irún et ses environs ont été le théâtre. C'est là que l'homme en question aurait conquis son blason de guerre. Le Comité central l'a désigné pour prendre en mains l'instruction des premiers échelons internationaux, et, par la suite, le commandement de ces mêmes unités.

Jean-Marie-le-Commandant débarque auprès de nous quelques heures à peine après l'annonce de sa venue. À première vue, il me fait l'effet d'un bon bourgeois d'une tranquille province française. Solidement ancré sur sa base, le corps bien charpenté, la mine réjouie, les yeux rieurs, il dégage une magnifique santé et semble conséquemment aussi capable de faire front contre ses adversaires et les mater, que de faire honneur à toutes les jouissances terrestres.

Le hasard me donne l'occasion d'être un des premiers à l'approcher. Il parle d'abondance et à coups de « slogans ». En sa qualité d'ancien colonial, il ne s'embarrasse guère dans les mathématiques stratégiques. Il m'expose son « plan » en cinq secs : il attaque les Fascistes au Sud, coupant en deux les « armées de Franco ». L'armée du Sud, bousculée, a juste le temps de se rembarquer pour l'Afrique, d'où elle a été extraite. L'armée du Nord n'a d'autre alternative que de faire un plongeon dans la mer ou de capituler...

Jean-Marie n'envisage même pas qu'une « paille » puisse se glisser dans la barre d'acier de son « plan »... Bien mieux : la mirifique opération envisagée par lui, c'est avec une « poussière » de troupes qu'il la mène... Plus fort que chez Cacolet !

Cinq mille hommes, en gros et en détail, escortés d'une batterie de 75, et le commandant répond du succès de son affaire...

C'est avec un sérieux imperturbable, une conviction inépuisable, que notre nouveau chef sort son « programme »... Le soleil des colonies a-t-il à ce point tapé sur son crâne qu'il puisse divaguer pareillement ? Croit-il sérieusement que la lutte contre l'armée franquiste soit une campagne du même tabac qu'un *rush* contre les tribus nègres du fond du Congo ? Chose plus ahurissante enfin, peut-on admettre que le Comité central ait fait sien le « plan » de campagne du commandant et lui ait donné un blanc-seing pour l'exécuter avec le sang des Volontaires ?

Je laisse parler Jean-Marie. N'est-il pas miraculeusement venu ici pour nous servir, amis « Légionnaires » ? Aussi, à son dynamisme, je réponds par une ferveur de même température... Au bout d'une demi-heure, je suis si bien dans les petits papiers de notre futur chef qu'il me propose de pourvoir à l'organisation militaire de la première colonne internationale — la nôtre — campée actuellement à Figueras. Il y a là quatre bataillons, un service de transmission, une base d'intendance, un train de combat, une section du service de santé...

J'accepte, ou, pour dire le vrai, je saute à pieds joints sur l'offre du commandant, sans me soucier des conséquences éventuelles qui découleront de ma décision. Enfin du sport !...

Les chefs placés à la tête de nos formations ne peuvent évidemment être tous des « as ». La logique commande en tout cas d'employer ceux qui se trouvent à portée de la main. Mais mon « plan » personnel est de placer, aux postes comportant quelque responsabilité, les moins qualifiés et les plus incapables. Dans un autre sens, je me suis réservé un douaire personnel : la direction de deux services, auxquels je tiens — et pour cause : celui des trains de combat, soit les munitions et les armes, et celui de l'intendance, qui s'occupe de la nourriture et des fournitures.

Sans train de combat et sans intendance, pas de combattants... Train de combat et intendance, autant dire les poumons des troupes.

Je prévois que mes amis et moi allons vivre des heures exceptionnelles.

Les états-majors, tant politiques que militaires, se pressent les uns contre les autres sur le plateau d'Albacete. C'est toute une expédition pour parvenir à la Mecque des Révolutionnaires.

Pour s'y reconnaître dans les dédales des services, il faut être piloté par quelques « légumes politiques », docteurs ès morale et ès théologie communistes, c'est-à-dire, d'intarissables bavards qui débitent inlassablement un lot d'orviétans à tous usages. Tous, ou peu s'en faut, ont été recrutés parmi les gars des banlieues rouges de Madrid ou de Barcelone. Leurs élucubrations quotidiennes dévidées, ils vont directement au cabaret et s'enivrent à goulot-que-veux-tu...

Méprisés par les Républicains gouvernementaux, ils sont confessés sans peine par les espions ou même les sympathisants de Franco.

Au cours de notre pérégrination dans les bureaux rouges, j'assiste — première édition pour moi — à une sérieuse prise de bec entre « politiques » et « militaires ». Pour la première fois, je vois les deux frères ennemis se dresser l'un contre l'autre. Conflit endémique qui, déjà, ronge et sape l'armée des Volontaires dans ses œuvres vives.

Avant Albacete, j'avais fait une pause à Valence. Là, un quarteron de dignitaires du Parti nous accueille... J'ai l'insigne honneur d'être hautement congratulé... On me donne du « commandant » à tire-larigot. Il paraît que j'ai l'âme d'un « chef »... Il est vrai que j'ai pris quelque ascendant sur les pauvres bougres qui m'entourent... acceptons louanges et popularité, quoi qu'en vaille l'aune... et tirons-en le plus vite possible toutes conclusions utilitaires.

ALBACETE

Il fait nuit noir lorsque nous débarquons à Albacete.

Débarquement précipité. Les « grands pontifes » sont à la gare, Marty en tête. Chacune de nos « délégations » est reçue par une « délégation » de compatriotes du Comité directeur. Ces messieurs ne voilent pas l'impatience qui les secoue de montrer aux Espagnols les premiers échantillons de la « Grande Armée des prolétaires, levée pour la cause sacrée de la liberté de l'Espagne et l'anéantissement des bandits franquistes ».

Une fanfare tonitruante salue notre descente de wagon. Mais le malheur veut que la pluie tombe à verse. Ce « grand soir » d'Albacete, qui voit notre arrivée, est mal vu des puissances célestes... N'empêche que, concurrençant le déluge, un Niagara de discours enflammés dégringole sur nos têtes... Albacete, G.Q.G. de l'armée internationale, respire le triomphe.

Et pourtant, là comme ailleurs, partout où jusqu'alors nous avons passé, rien n'est organisé pour recevoir les milliers de Volontaires qui ont franchi la frontière.

On nous a bien assigné, pour servir de centre d'hébergement, la caserne de la Garde Nationale : mais, en fait de caserne, nous tombons sur une « cour des miracles », engluée de crasse et d'immondices, sinon vide de truands.

Les Volontaires, une nouvelle fois, hurlent somptueusement. À aucun prix, ils ne consentent à habiter le dépotoir qu'on leur assigne... Exhortations, menaces, c'est en vain que les « chefs » désenchantés tentent d'endiguer la ruée de la soldatesque, à travers les rues de la paisible cité. Dans les boutiques et les magasins pris d'assaut, c'est la foire d'empoigne...

Dans les ruelles, une course effrénée derrière les femmes et les filles de la ville... L'armée internationale manifeste... Plus tard, Marty dira, lorsqu'on lui reprochera, entre autres peccadilles, ces scandaleuses manifestations : « Erreur commune à toute organisation en mal de gestation... » Pense-t-il, en se donnant des blancs-seings à lui-même, et à ses sous-verge, excuser les atroces fusillades qu'il ordonnera contre ceux qui n'auront commis d'autre crime que de se comporter en fidèles disciples de leurs maîtres dans les cellules du Parti ? Devant de si graves déficiences, qui accusent le gâchis, que tant de prodromes me faisaient redouter, j'ai la sensation que nous sommes engagés dans une terrible aventure où le Communisme ne fera pas long feu, en Espagne tout au moins, et dont mes pauvres « camarades » du moment feront seuls les frais. Aussi, notre « Légion » verra-t-elle son action renforcée par ceux-là même qu'elle combat.[1]

La « Foire aux Volontaires » déborde les limites d'Albacete. Les villages environnants regorgent de contingents internationaux, qui arrivent sans discontinuer. En deux jours, on constitue une brigade. Une seconde la suit, à quelques encolures. Le camp, primitivement prévu, se montre insuffisant. Albacete étouffe sous la prolifération des « Soldats de la Liberté ». Il faut d'urgence décongestionner la place. Dans la bourgade proche de La Roda, on installe le bataillon français. Il occupe à lui seul le village, tandis qu'Allemands, Polonais et Italiens confondus sont parqués à Mahora, Tarazona et Madrigueras.

---

[1] Depuis que j'ai décrit ces notes, les événements se sont déroulés à un rythme hallucinant. Ils ont donné à mes impressions d'alors un cinglant démenti. L'aveuglement et la veulerie des chefs républicains mis à part, la folie des chefs communistes révélera les diaboliques intérêts, dans l'affaire d'Espagne, des forces qui, plus tard, déchaîneront le plus immense drame de l'humanité.
C'est dans cette tragédie que, ouvertement ou secrètement, vont intervenir les grandes entités politiques, morales ou sociales du monde.

ALBACETE

Devant une telle multitude d'hommes imbibés de foi, qui sont venus se battre sous leurs étendards, les chefs de la Troisième Internationale, délégués en Espagne, bombent le torse et luisent de fierté.

La « Légion Tricolore » n'est pas sujette à cette soif de parade. Si mes amis et moi occupons dans la place certains « leviers de commande », nous n'en tirons pas un orgueil particulier. Au contraire, termites nous sommes : et dans nos termitières nous travaillons. C'est une œuvre fort peu spectaculaire, mais elle « paie ». Nous en recueillons d'ailleurs en peu de temps les premiers résultats.

Le bataillon français est en pleine ébullition. Lorsque, quelques jours après son arrivée, il quitte Albacete, l'état-major de Marty a eu du flair, car c'est à moi, et à personne d'autre, qu'il a donné pleins pouvoirs pour étouffer dans l'œuf tout signe de révolte, toute tendance à l'anarchie dans le bataillon que l'ineffable commandant Geoffroy a proprement « décomposé ». Il serait fou de mener à la bataille des ilotes qui naviguent à longueur de journée entre deux vins, et qui ne pensent qu'à gueuler, manger, se saouler, dormir... et rouspéter, si l'on esquisse un geste de force. J'apprends d'ailleurs que, dans les autres bataillons internationaux, règne un pareil climat d'émeute et que le chapardage est devenu le dogme essentiel de la troupe.

Quoi qu'il puisse en coûter aux dirigeants, il faut sévir. Bien entendu, on frappe sans aucun discernement, avec une brutalité sauvage. En quelques minutes, un simulacre de conseil de guerre prononce à la chaîne d'impitoyables verdicts. Une heure après, c'est le peloton d'exécution.

Ce sont sans doute de tels exemples qui vont faire réfléchir les Volontaires en goguette, mais qui ne transforment pas un troupeau en une armée.

MADRID

C'EST au Bolcheviste, qui, irrévérencieusement, se pare du nom de Kleber, qu'a été confié le commandement de la première brigade internationale. Audit Kleber a été adjoint un colonel français, un vrai de vrai. Colonial chevronné qui, techniquement parlant, dépasse son chef nominal de cent coudées. Lui aussi sert en Espagne sous un pseudonyme qui n'a rien de français, puisqu'il a pris le nom de Vicenti. Respectons sa mémoire et ne soulevons pas le voile qui cache sa véritable identité.

La brigade est campée aux environs immédiats de Madrid, l'état-major étant installé à Vicálvaro.

Tard dans la nuit, je rejoins avec mes services : intendance et train de combat, et prends tout de suite contact avec les chefs. On m'instruit alors de la situation militaire : elle se présente dans les meilleures conditions pour les Républicains. Tant mieux ! Les brigades internationales vont exploiter à fond cette situation si favorable, et en tirer toute victoire conséquente. C'est du moins ce que dit notre état-major.

Je suis loin, et pour cause, de vivre dans une telle euphorie. Tout au contraire, je me demande anxieusement ce que va devenir notre brigade, lorsqu'on va la lancer au feu. Je sais, mieux que quiconque, que bataillon, compagnie, section sont autant d'éléments qui, entre eux, n'ont aucun point de soudure. Je sais que neuf sur dix des officiers sont d'une nullité technique éclatante et majestueuse. Je tremble donc, quand je vois la brigade monter en ligne.

À mon P.C., je suis le déroulement de l'action et j'apprends que, après trois ou quatre jours de pétarades au ralenti, tandis que de toutes parts montent des hurlements de triomphe, la première brigade internationale a tout simplement « sauvé Madrid ». Sans blague ? serais-je tenté d'écrire. Sauvé Madrid... encore aurait-il fallu que la capitale espagnole fût un peu menacée et attaquée en conséquence.

Aurait-on le front de qualifier de bataille une série d'escarmouches, d'accrochages entre petits postes adverses ?

Le général Franco n'a pas voulu entrer à ce moment à Madrid, où il aurait pénétré comme dans du beurre, s'il avait déclenché l'action en face des Internationaux. Mieux que quiconque, je connais l'état des unités rouges opposées aux franquistes. Pièces en mains, je sais que nos Internationaux ne sont pas tous dotés de fusils. Je sais aussi, à peu près seul (et je m'en vante), pourquoi les balles tirées par les Volontaires tombent à quelques mètres après leur sortie du canon ; pourquoi, dans les douilles, il n'est que juste assez de poudre pour projeter la balle hors du fusil et pas plus loin. Aurait-on la curiosité de me demander pourquoi les mitrailleurs ne peuvent rien obtenir de leurs mitrailleuses ? Sont-ils si inexpérimentés qu'ils soient incapables de se servir de leurs mécaniques : ces fameuses Maxims russes, vantées comme le « fin du fin » dans leur genre ?

Les « petits curieux », qui se seraient levés de bonne heure, ce matin du 4 novembre, et m'auraient vu distribuer 40 mitrailleuses, par moi sélectionnées, auraient suivi avec stupéfaction la fulgurante odyssée des 40 Maxims.

Ils auraient constaté, cinq minutes après le départ de la première bande, que les appareils étaient « hors course » et renâclaient définitivement, tout simplement parce que des mains tutélaires (ressemblant étrangement à celles de nos amis « Légionnaires » et aux miennes) avaient, dans la nuit, passé la culasse des chères Maxims à la potée d'émeri... Histoire de rire...

Faisons maintenant un tour du côté du ravitaillement des Volontaires : pagaïe, immense pagaïe... des sommes fantastiques gaspillées pour une nourriture notoirement insuffisante, des déchets incommensurables...

Avec une émouvante unanimité, la presse républicaine, appointée au quart de ligne, chante sur le mode majeur la « grande victoire de Madrid ». Plus encore, l'état-major exploite ces louanges stipendiées... Ainsi, peut-il en douceur panser les cruelles plaies héritées du soi-disant triomphe madrilène, où les brigades internationales ont étalé leur faiblesse congénitale, leur inertie, leur impéritie, leur indiscipline.

Pendant que nos excellents amis rouges établissent le bilan de l'échauffourée, notre « Légion » récapitule, sur un très modeste carnet de blanchisseuse, le compte sincère des « profits et pertes », après la bagarre : quinze jours de combats, deux brigades internationales décimées, tant en hommes qu'en matériel, car 90 pour 100 des mitrailleuses sont morts et enterrés avec la même proportion de fusils-mitrailleurs. Les unités motorisées sont squelettiques ; les moteurs des camions, chefs-d'œuvre des usines russes, ont rendu l'âme. Les boîtes de vitesse portées au rouge sec, coincées à bloc, portent l'estampille des « soins » dont nos « Légionnaires » les ont entourées, et de l'huilage à la potée d'émeri que nous leur avons injecté.

Comme il convient, je crie au sabotage ; je réclame furieusement du commandement supérieur des Transports l'ordre de passer par les armes, sans aucun jugement, les conducteurs de camions, qui ne pourront justifier de l'indisponibilité de leur voiture...

Sur le mode dithyrambique, on me congratule en haut lieu : je suis un « dur » qui n'y va pas « mollo » ; dans mon service, ça barde... et comment !... Me voici, du jour au lendemain, sacré « grand homme ». Sans aucune vanité, je me rends compte que je fais figure de premier rôle à côté de la masse des officiers nommés par Marty et consorts. À d'infimes exceptions près, la capacité technique de ces messieurs est au-dessous de zéro, si leur superbe atteint cent degrés et plus. Depuis que le grand mamamouchi Marty a proclamé : « De la masse prolétarienne, vont surgir des hommes qui, sur les champs de bataille, feront l'Histoire de demain », les héros putatifs en question se croient marqués du génie. Tel hier, simple troufion de seconde zone, aujourd'hui promu commandant, se voit général dans un mois. Ils ne doutent pas une minute d'être habités d'une révélation magnifique, car dans leur subconscient dormaient jusqu'à présent les vertus et les inspirations des grands capitaines, la promotion exceptionnelle, dont ils viennent d'être l'objet, première étape d'une prodigieuse marche à l'étoile, qui va libérer les forces engrangées dans les profondeurs de leur âme.

Le concile supérieur technique installé par le Komintern moscovite aux flancs de l'état-major républicain espagnol entretient avec une constance inlassable, parmi la foule bariolée des brigades, un état bienheureux sous un déluge de fleurs parfumées.

À la tête de ce concile technique, siège le fameux Gorew, précédemment adjoint au général Miaja, commandant en chef de l'armée républicaine. Gorew, lui-même doublé du dénommé Kopers, est assisté d'un état-major imposant : séquelle d'Allemands, enragés Spartakistes, de Bulgares, de Polonais, de Hongrois.

Chacun de ces « délégués techniques » a été choisi et imposé par Moscou, dont il est l'œil sur le plan militaire. Que vaut cet aréopage ? Pas grand-chose évidemment.

La façon dont il se comporte dans l'attribution des grades prouve surabondamment son ignorance congénitale des affaires militaires.

« Il y a un Dieu pour les ivrognes », dit le proverbe ; il y en a certainement un pour les imbéciles, les incapables, car, de l'autre côté de la barricade, chez les Franquistes, l'état-major cherche encore une doctrine et un plan. On ne m'enlèvera pas de l'idée que, si les unités du général Franco avaient été commandées, Madrid aurait été enlevée de haute lutte dès les premières semaines de novembre. Tout au moins, dois-je conclure, devant l'échec de l'attaque de Madrid, que les services de renseignements du général Franco ont flanché terriblement. Pour que les Franquistes n'aient pas poussé à fond leur offensive, c'est qu'ils ont accepté en bloc les rodomontades qui annonçaient, à coups répétés de tam-tam, que des forces internationales considérables, de l'ordre de 25 à 30.000 hommes, étaient venues renforcer l'armée républicaine sous Madrid. En vérité, on aurait péniblement dénombré 3.000 Volontaires alignés pour la bataille dans les conditions précaires et dans l'état lamentable que l'on sait.

Les services d'aviation du général Franco ont beaucoup à apprendre, parce qu'ils ignoraient le postulat qui est la loi des unités aériennes : cohésion entre les divers éléments d'une escadre et liaison avec les combattants terriens.

Un souvenir, entre vingt, illustrera mon jugement : le dernier dimanche de l'attaque sur la capitale, les troupes franquistes occupent l'hôpital Clinico dans la Cité Universitaire. Le bataillon anarchiste, qui défend le secteur, bat vivement en retraite. Un petit effort du côté franquiste et c'était la grande panique de l'autre côté. Mais les réserves du général Franco ne se montrèrent pas...

Autre fait, dont je suis acteur et témoin : ce dimanche où on attendait la chute de Madrid (chute symbolique sans doute, mais terriblement redoutée par la Troisième Internationale, et, en tout cas, anxieusement espérée, sur la moitié du globe), je puis, au milieu de l'après-midi, franchir le parc qui ceinture la ville à l'Ouest. Il était jonché de cadavres non relevés. Chose inouïe, je circule dans le périmètre des lignes franquistes sans être inquiété, ni arrêté, et rentre tranquillement dans le centre de la Cité Universitaire. Conclusion logique : le contact est rompu entre les adversaires. Et, en effet, c'est à peine si je repère dans le lointain quelques petits postes essaimés, sans soutien, ni liaison entre eux.

Sur la berge du Manzanares, un seul et unique canon lâche de rares obus sur les faubourgs de Madrid. J'entends bien le tic-tac des mitrailleuses ; mais : où et sur quoi tirent-elles ? La suave tranquillité qui accompagne ma promenade est la même qui a permis aux Rouges de regrouper leurs lignes chancelantes... et de chanter victoire, puisque Madrid est toujours au pouvoir des Républicains.

Sans doute, attaquera-t-on mon raisonnement. On dira que le général Franco a voulu, pour des raisons supérieures, épargner la capitale de l'Espagne. L'Histoire jugera. Mais il est un fait : c'est que la « grande victoire de Madrid », pierre angulaire des armées républicaines et internationales, n'a été qu'une brochette d'escarmouches.

Enfin, il faut admettre que, quelles que soient la cause et les raisons qui viennent de stabiliser la position des armées adverses sous la capitale, le dénouement de la guerre civile ne peut être fixé dans le temps, à moins de grandes surprises.

Et c'est pour nos amis, qui mènent une lutte sourde, la certitude que le « travail » va cheminer dans des sentiers sans cesse plus difficiles et plus étroits.

LE COUVENT DE VALVERDE

DEPUIS quelques jours, mes services ont quitté Vicálvaro. Nous occupons Fuencarral, avec l'état-major du général russe Kleber qui commande en chef ce secteur important de la défense de Madrid.

À l'instar de tous ses coreligionnaires en Komintern, le général est bouffi d'orgueil. Il vaticine à coups d'ukases brefs et virulents, j'avoue que cette rudesse ne me déplaît pas. Kleber donne des ordres. Enfin ! Il est grand temps, en effet, de réagir. L'attitude militaire de Kleber n'est pas du goût des officiers qui servent sous ses ordres. On rouspète du haut en bas : depuis les « étoiles » jusqu'aux « ficelles ». Le général hongrois Luckas est le premier à prêcher la révolte contre son chef hiérarchique. Kleber ne s'en laisse pas imposer ; il réplique ferme aux murmures. Le « limogeage » fonctionne en série, nourri par les délations et l'espionnage. L'étalage des instincts les plus bas se donne libre cours. N'est-ce pas la monnaie courante des « camarades » ? Les luttes d'en haut ont leurs répercussions sur la troupe. C'est pour nous nécessité d'ouvrir tout grands nos yeux et nos oreilles.

Le général a installé son P.C. au château royal du Prado. Il y loge avec son état-major au grand complet. Peut-être travaille-t-on dans les bureaux du commandant, mais, indiscutablement, on y célèbre le vin, les femmes et l'amour. Les magnifiques salons, témoins des fastes de la monarchie espagnole, résonnent des ripailles et surtout des orgies, célébrées, à longueur de jour et de nuit, par le général en chef, ou tolérées par lui. C'est une nouba endémique, qui court à travers le Prado, et dont les échos parviennent aux Volontaires. D'où, dans la troupe, des grincements qui ne dépassent pas les portes du camp : Kleber étant décidé à sévir, le knout en main.

L'état-major compte au moins deux hommes de valeur : le colonel V... et le commandant D... Le colonel est un technicien éprouvé. Le commandant est un parfait exécutant qui applique les ordres « au poil ». Mais l'un et l'autre, étant des capacités, sont pour moi des gêneurs qu'il me faut à tout prix neutraliser. Pour arriver à mes fins, j'use du moyen classique et éternel : les femmes ! Je lance dans les pattes de mes deux amis quelques magnifiques *señoritas* du cru... Qui diable y résisterait ?...

En effet, en quelques jours, le colonel et le commandant, dressés l'un contre l'autre comme des coqs de combat, se jettent à la tête leur inconduite, leurs vilenies, et cherchent mutuellement les défauts de leur cuirasse, afin de s'estoquer.

À demain les affaires sérieuses, c'est-à-dire les choses militaires ! Nos deux lascars passent leur temps à s'épier et à se prémunir contre les attaques de l'antagoniste.

Le premier, le colonel V... épanche ses terreurs dans mon sein tutélaire. Désaxé, il l'est complètement. Le jour, il vit dans de perpétuelles transes ; ses nuits sont hantées de cauchemars ; son entourage nourrit contre lui les plus noirs desseins ; on en veut à sa peau ; les couloirs du château sont peuplés, dès le crépuscule, d'ombres inquiétantes ; la nuit, des fantômes rôdent aux portes de ses appartements ; il en est arrivé à ne plus pouvoir regarder le canon des mitrailleuses ; il blêmit à leur vue et est saisi d'étourdissements. Il s'attend, d'un jour à l'autre, à être entraîné au fond d'un *in pace*, et supprimé, sans procès et sans paroles, une balle tirée à bout portant dans la nuque, selon les formes de la Tchéka, que dirige en Espagne le sieur Kurt. Spartakiste, pétri de hargne, rageusement cruel : Kurt, un fanatique qui tue ou encellule au petit bonheur, afin de justifier ses fonctions, ou ses émoluments.

J'essaie de calmer le colonel, mais, dans mon for intérieur, je n'ignore pas que, pour lui, comme pour tant d'autres, dans l'odieux climat où nous vivons, la crainte d'être victime d'un

« coup de cochon » n'est jamais exclue. Un accident est si vite arrivé !...

Tandis que je mets mon travail quotidien à jour, le colonel surgit. Bondissant hors de son auto, que conduit un chauffeur communiste cent pour cent, il entre en coup de vent dans mon bureau. C'est un fou que j'ai devant moi, les yeux exorbités, la sueur inondant le visage. Il m'annonce qu'à tout prix il veut fuir le quartier général, gagner Valence, et se mettre sous la protection du grand état-major espagnol. Il n'a pas achevé, que son chauffeur vient s'enquérir de son patron. Je connais l'homme. Je sais qu'il joint à ses fonctions mécaniques celles d'ange gardien du colonel au nom de la sacro-sainte Internationale.

Une minute de réflexion me suffit pour prendre une décision conforme à la fraternité due entre « camarades » et conforme surtout à mes intérêts. Le colonel ne va-t-il pas subir le sort réservé, ces jours derniers, au commandant de l'artillerie anti-tanks, exécuté en trois coups de cuiller à pot, sous l'accusation, vraie ou fausse, de sabotage (un des pépins les plus courants du métier dans l'armée rouge) ? D'ailleurs, les appréhensions du colonel seraient-elles hors de saison, il demeurerait à son poste, et gênerait toujours mes desseins.

Je réalise immédiatement que le chauffeur veut dire son mot, et, j'en suis certain, un mot impératif. Je le devance. Feignant la plus grande fureur, je menace froidement le colonel de l'abattre sur l'heure, comme un chien, s'il donne suite à son projet de fuite, « qui n'est, à tout prendre, qu'un acte de fuite à quelques heures de la grande offensive de l'armée internationale ». J'ordonne brutalement au colonel, dont les cheveux blancs accusent un âge canonique et qui pourrait être mon père, de ne pas bouger de mon bureau, où il restera mon prisonnier, et sous ma garde exclusive, jusqu'à plus ample informé des décisions supérieures. Le chauffeur approuve d'un regard, qui ne me trompe pas, mon énergique ultimatum. Il s'en va. Je reste seul avec le colonel et, toute la nuit, je le veille pieusement, non sans m'être mis en contact avec l'état-major d'Albacete.

J'insiste auprès de Marty lui-même, pour que le colonel V..., officier de haute valeur, soit, sans délai, nommé au commandement de l'école d'officiers des brigades internationales, commandement d'insigne importance à l'heure présente, et dans lequel sera le *right man in the right place*.

Au matin, je suis informé que ma proposition est acceptée. On me félicite même de l'excellente suggestion que je viens de donner !

Inutile de dire que le colonel n'a jamais rejoint son nouveau commandement. Il a mis l'espace entre l'état-major communiste et lui... et passé la frontière. S'il était sauf, j'en étais aussi débarrassé : un de moins sur l'échiquier des gêneurs.

KLEBER EST LIMOGÉ.

INDISCUTABLEMENT, j'ai la cote d'amour... Môssieur Marty soi-même, en qualité de chef d'état-major politique de l'armée rouge, m'investit d'une mission de confiance et quelle mission !... J'ai charge, ni plus ni moins, de « surveiller les chefs militaires »... et d'adresser quotidiennement, audit Marty, un rapport sur le comportement de ces messieurs Chefs, sur leur état d'esprit, leur dévouement à la « Cause », sans omettre tous faits et actes, grands ou petits, pouvant renseigner l'état-major sur la valeur et la « température » desdits gaillards.

Les rapports que je transmettrai seront de l'ordre ultra-secret, bien entendu.

Si la dilection particulière, dont je suis l'objet, est prodigieusement réjouissante, Marty ne pouvait franchement mieux tomber que sur moi pour la « mission de confiance » en question. Immédiatement, je trouve sous ma main une première victime : le citoyen général Kleber, et je n'ai pas à me torturer les méninges pour étayer mon réquisitoire contre cet ancien capitaine au pays des Soviets, sans histoire comme sans gloire.

Je possède le rapport n° 6 du commandant du secteur Ouest de Madrid, qui signale que « l'intendant de la colonne internationale (moi) s'est permis des observations déplacées vis-à-vis du chef d'état-major des forces républicaines : colonel Rojo ».

Contrairement aux assertions de l'intendant grincheux (moi...!), le général conclut, dans le rapport n° 6 susdit « que le matériel est suffisant pour satisfaire à tous les besoins des unités »...

Or, malgré les assurances de Kleber, je m'élève véhémentement, dans mon compte rendu à Marty, contre les conclusions optimistes du général. Je réclame, au contraire, encore et toujours : des armes, des canons, des munitions... À tous les paragraphes de ma note confidentielle, je répète ce leitmotiv et je termine : « Il est vraiment scandaleux que le commandement me blâme de ma prévoyance... »

Marty, ma note sitôt reçue, débarque à Madrid et se fait remettre l'original du rapport n° 6 qui ironise sur ce qu'il appelle « mégalomanie de ma part ». Je suis, sinon un fou dangereux, du moins un être suspect... l'un valant l'autre.

Enquête... Je comparais, et j'attaque, sur pièces et sur faits. À eux seuls, les faits ont une tragique éloquence, puisque par suite du manque de matériel — armes et munitions — deux brigades ont été décimées, et ce qu'elles possédaient comme matériel à peu près détruit. Le responsable est le chef, et lui seul. Monsieur Kleber, en acceptant des galons, a assumé de lourdes charges. Il doit rendre des comptes. D'autre part, il lui faut justifier certaines relations, plus ou moins sujettes à caution.

On me laisse toute latitude pour exposer mes arguments, en tirer toutes déductions. Après quoi, bien tranquillement, je sors « les petits papiers », libellés par de bonnes âmes de l'entourage même du général. Et ces petits papiers sont accablants pour Kleber.

La décision ne traîne pas. Deux jours après l'arrivée de Marty, le général Kleber est expédié à Valence, centre de « limogeage » et de justice.

Kleber limogé, c'est un « emmerdeur » de moins à mes côtés. Mais, hélas ! son éloignement ne suffira pas à insuffler un sang nouveau à des brigades en pleine putréfaction physique et morale !

CONCURRENCES

GRAND remue-ménage du côté de l'armée franquiste... Reconnaissances multipliées, bombardements fréquents et nourris.

Voilà un renouveau qui n'est pas du goût des Républicains et des Internationaux, en mal d'une introuvable réorganisation.

Quelle mouche a donc piqué le général Franco ? Ou bien la « leçon », que l'armée des Volontaires a infligée aux Franquistes, n'a-t-elle pas éclairé ceux-ci sur la vanité de leur exécrable cause ?... Tandis que de telles balivernes courent dans l'état-major républicain-international, l'attaque se précise de l'autre côté de la barricade. Elle fait mieux que de se préciser : elle se déclenche, et le résultat ne se fait pas attendre : les Républicains reçoivent une magistrale raclée. Dès le premier accrochage, les bataillons républicains et internationaux lâchent pied sur une grande partie du front de bataille. Si toute la ligne ne craque pas (certains secteurs étant le théâtre de colloques sévères où les Internationalistes laissent pas mal de plumes), ce sont là des faits isolés qui ne modifient en rien la conclusion du combat. Un vent de panique court sur les formations qui défendent Madrid, et les Franquistes s'emparent de nouvelles et importantes positions.

Quoique je n'aie pas à jouer un rôle actif dans la mêlée, je sais trop bien la cause du désarroi qui règne chez les « nôtres ». Sans parler des insuffisances constatées dans le dispositif de défense (insuffisance étalée, une fois de plus, au grand jour), la véritable cause du lâchage accéléré de nos unités réside dans leur pauvreté en matériel : indigence de mitrailleuses, munitions qui ne « collent » pas avec les engins qu'elles doivent nourrir ; artilleurs sous-expérimentés, tirant à la va-comme-je-te-pousse. Aussi, les trois quarts des obus sont-ils tirés à coups perdus. Si l'on ajoute à ces déficiences l'impuissance technique des divers états-majors, on s'explique trop bien le nouveau revers encaissé à gauche, et qui devrait immanquablement tourner en désastre.

Or, ce désastre inévitable ne se produit pas. Un miracle inouï, inexplicable, comme tous les miracles, se produit à l'heure même où la radio franquiste de Salamanque annonce la prise de Fuencarral. C'est à cette heure où l'on peut redouter le pire pour les Républicains, que le front se stabilise brusquement. Saura-t-on jamais ce qui s'est encore une fois passé ?... Cette bataille de décembre est grosse de constatations, pour le moins troublantes. J'enregistre, au fur et à mesure que me parviennent des renseignements sur l'affaire : le colonel Hans, commandant un secteur international, et dont l'adjoint est l'écrivain Ludwig Renn, ne se trouve pas, comme par hasard, à son poste de combat alors que la bataille fait rage. Mieux encore : aucun ordre ne fut transmis au cours de la mêlée, pour diriger sur le front menacé les bataillons de réserve, à moins que ces ordres n'aient été envoyés trop tard pour permettre l'acheminement des renforts, éviter les pertes catastrophiques subies en matériel : humain et mécanique... Je connais fort peu Hans et Renn, mais une question insidieuse se pose à mon esprit : quel rôle exact viennent de jouer, dans la tragique aventure d'hier, ces deux communistes blasonnés ?... Ce problème m'obnubile à tel point que je me documente à fond. Au moment de l'attaque, Hans se trouvait en galante compagnie au Molinero. Quant à Renn, sous-chef d'état-major, la tête perdue devant la violence des attaques franquistes, il ne sut prendre aucune mesure pour se servir de réserves mises à sa disposition... Quoi d'étonnant, par suite de ces « insuffisances », à ce que les troupes aient eu l'impression d'être, non seulement lâchées, mais trahies par leurs propres chefs ?... Impression qui devient certitude chez les Volontaires... Ils traduisent leur rancœur en mettant sur le compte d'officiers félons les défaites enregistrées à ce jour. À ceux-là, le peloton d'exécution, sans barguigner...

Nous suivons, pas à pas, mes « Légionnaires » et moi, ces dialectiques rageuses et, avec toute la diplomatie voulue, nous poussons à la roue. Résultat : désertion massive des Volontaires. Les gars de l'Internationale — si peu une et encore moins indivisible — en ont « marre » de se faire casser la gueule pour des mazettes ou des bambocheurs... Très peu pour eux de payer de leur peau pour de pareils salauds !... Voilà, en bref, ce que l'on entend, en circulant dans les brigades, parmi les rescapés des dernières hécatombes.

Or à l'heure où gronde la révolte, que font les « marabouts », qui siègent au grand état-major ?... Aussi incroyable que cela puisse paraître, ils se perdent en frénétiques noubas dans les *fondas* de Madrid.

Je reviens à Ludwig Renn. Il a manqué à ses devoirs de chef par procuration, en l'absence de son supérieur...

Donc, dans la « jungle », où je pénètre, je mets le pied sur des surprises qui, si elles n'étaient qu'ahurissantes, assoiraient définitivement ma conviction sur le comportement « à double face » des « camarades galonnés ». À tout prix, il me faut réduire au silence certains de ces messieurs, si je ne veux pas être gêné dans mon action...

C'est pourquoi j'envoie exercer ailleurs ses talents un de nos sous-officiers, Polonais d'origine, que je soupçonne fort de communiquer avec des agents franquistes, auprès desquels il s'est créé des intelligences... Fuencarral avait été bombardé juste au moment où l'on installait dans cette cité des dépôts de munitions, des parcs d'intendance et que les services de l'état-major de l'armée du Centre s'y transportaient.

Mes recoupements me ramenaient toujours au Polonais en question. Ils me le montraient comme l'indicateur, qui avait fourni aux Franquistes les renseignements sur les installations de Fuencarral.

Cette affaire ne comportait donc qu'une solution, et une solution brusquée : il me fallait, avant tout, éloigner du champ de mire le Polonais déjà nommé. Ce lascar venait en travers de ma route. J'avais comme premier devoir, envers moi-même, de m'en défaire. Par ailleurs, et au premier chef, j'avais souci de garder la confiance des chefs qui m'avaient placé au poste que j'occupais, et qui avaient foi en moi... Foi bigrement bien justifiée, n'est-ce pas ? En conséquence, le Polonais est expédié en mission sur une ville de la côte. Des types de l'acabit de mon Polak me font une concurrence directe, et, de concurrents, il ne m'en faut pas... Chaque fois que j'en rencontrerai un, je n'hésiterai pas à l'envoyer lanlaire.

Mais, en toutes circonstances, je dois travailler avec la plus extrême prudence, et aussi, ne jamais prendre de décisions irraisonnées. L'ABC de notre terrible mission est de « tarauder en douce ». Je vis donc dans une perpétuelle alerte et les yeux, chaque minute, mieux ouverts...

Une communication urgente... Elle émane d'un de mes « hommes », placé au bureau politique de la Calle Velásquez. On enquête sur moi. Sans qu'aucun fait précis soit relevé à ma charge, on me surveille. On insinue. J'aimerais tant qu'on ne parlât pas de moi. Mais, prévenu, j'attends l'attaque de pied ferme. Elle ne vient pas. L'enquête tombe à plat. Mes « crimes » ne sont que péchés véniels... donc des foutaises... : je favoriserais certaines unités françaises ou consanguines, et j'aurais simplement gavé cesdites de matériel ou de nourriture, au détriment des Slaves envers lesquels je ne nourrirai aucune sympathie.

Allons ! l'orage redouté s'est détourné de mon ciel, et, plus que jamais, je garde la confiance des pontifes. Mais l'incident me prouve que je dois être sur mes gardes, car messieurs mes ennemis slaves et autres, sans doute, ne m'ont pas à la « bonne ». Ayant manqué leur coup une fois, rien ne dit qu'ils ne remettront pas cela demain !...

Une conclusion s'impose immédiatement à mon esprit : clarifier l'atmosphère qui m'entoure, et je n'ai pas le choix des moyens. Un seul s'offre à moi : attaquer ceux qui ont médité de me saper et de me supprimer. Je prépare mes plans dans le calme de la nuit, et la bataille qui va s'ensuivre... Or, la bataille en question n'aura, elle aussi, pas lieu. Je l'ai gagnée sans avoir eu à l'engager, et voici comment :

À Madrid, à portée de l'endroit appelé les « Quatre-Chemins », était installée une officine, où se réunissaient, pour des conciliabules secrets, d'importants chefs politiques internationaux. On y discutait longuement et souventes fois, les Slaves étant particulièrement assidus à ces sortes de conseils de guerre... terminés d'ailleurs par des ripailles et des divertissements variés.

J'apprends le « boulot » auquel, à l'issue des séances comitardes, se livrent mes Slaves. Je décide d'agir en vitesse et de mettre le pied sur le nid de vipères des « Quatre-Chemins ». Les portes sont bien gardées, je ne l'ignore pas. L'épuration à laquelle je vais me livrer est dangereuse. Je décide donc, par un coup de force, de tomber dans la « mare aux grenouilles » en accusant nommément mes batraciens de se livrer à l'espionnage. On verra après ce que « ça rendra ».

Or, tandis que je prépare mon coup d'éclat, j'apprends, avec un étonnement ravi, que l'opération que je méditais vient d'être réalisée par le chef des transmissions du Centre.

En un tournemain, il a fait installer une table d'écoute, la table étant elle-même reliée directement au circuit militaire de l'armée du Centre. Le dernier fil à peine posé, le chef des transmissions, dans un rapport express, alerte les services compétents, en leur fournissant tous détails et preuves sur l'installation clandestine de l'officine des Quatre-Chemins, qui capterait toutes les conversations de l'état-major. Le rapport ajoute que toutes les communications ainsi détournées sont immédiatement divulguées et transmises, par les hommes des Quatre-Chemins, aux Franquistes, avec quelques commentaires de choix, tels que la liste des échecs militaires des Républicains, les points de chute des bombes d'avions et des obus dans les lignes républicaines.

Accusée de trahison, la racaille des Quatre-Chemins est tout entière passée par les armes, selon la meilleure méthode bolchevique... Ouf!... Les services espagnols, sans que la Légion ait eu à intervenir, ont nettoyé la place...

Mais — comble du paradoxe dans cette immense tragédie paradoxale que nous vivons — les anarchistes vont reprendre à leur compte le travail des agitateurs fusillés !

Nous sommes englués dans la Révolution des révolutions...

Fin décembre. — Dans les couloirs du Ministère de la Guerre à Madrid, il est bruit de déclencher une nouvelle et grande offensive, confiée aux unités républicaines « de choc ».

Les derniers succès du général Franco, au sud-ouest de la capitale, gênent terriblement les mouvements des Républicains. Les routes principales sont sous le feu de l'artillerie adverse, et, en certains points même, de son infanterie. De toute façon, les nouvelles positions occupées par les troupes du général Franco peuvent être demain le point de départ d'offensives nouvelles, dangereuses pour la capitale.

L'état-major républicain a cependant de sérieuses raisons pour hésiter avant de donner l'ordre de marcher en avant : la première brigade internationale a dû être ramenée en arrière, après avoir été sérieusement éprouvée lors des derniers combats. Ses unités sont réduites pour la plupart à de très maigres effectifs ; le moral des troupes est bas ; la première brigade est en ce moment « hors de cause », pour une offensive immédiate.

Le commandement va donc lancer d'autres troupes dans la bagarre : la deuxième brigade, commandée par le général hongrois Luckas et la quatrième brigade, sous les ordres du général Walter. À ces deux brigades, doivent être adjointes les trois divisions communistes espagnoles, considérées comme troupes de « choc » et que dirigent respectivement : Modesto, Lister et Campesino.

CONCURRENCES

La deuxième brigade internationale a participé aux combats du Manzanares. Elle a « donné » à l'affaire de Los Angeles, et a déjà subi deux « rajeunissements », après avoir sérieusement écopé.

Après les dernières mêlées auxquelles elle a pris part, sa belle ardeur originelle a reçu un sérieux coup, mais on lui a injecté des éléments frais et elle a « repris du poil de la bête ».

Son armement, pourtant, est bien mauvais. Les fusils sont de toutes sortes de modèles, ce qui complique terriblement l'approvisionnement en cartouches. Ses armes automatiques, fatiguées, auraient besoin d'être vérifiées et remises au point. Chose autrement grave : les cadres improvisés d'hier, sont, dans leur grande majorité, au-dessous de leurs fonctions. Il faudrait les reprendre en mains, les instruire de leur rôle, en un mot, organiser le commandement à tous les étages.

C'est à croire que les états-majors rouges sont peuplés d'inconscients et de criminels. Leur outrecuidance dépasse les bornes ; englués dans leurs mensonges, ils ont le front d'annoncer à renfort de discours et de communiqués tintamarresques, que les troupes vont recevoir, incessamment, un armement *nec plus ultra*, que les Franquistes vont enfin tâter de la férule internationale... Divine illusion ! Que de couleuvres ne peut-on faire avaler en ton nom !

La quatrième brigade internationale rentre d'Andalousie. Ses étendards sont couronnés... de défaites. Les rescapés de la campagne, aussi brève que meurtrière, portent les signes amers de leur première « prise de corps » avec les forces franquistes. Un commandement ignare a imprudemment engagé la brigade, qui s'est trouvée stoppée net devant les brutales réactions des forces adverses.

Plus tard, devant Lopera, elle a subi un grand et grave échec, presque un écrasement. Une nouvelle fois, les Rouges avaient crié à la trahison, hurlé au sabotage, en face de quoi le général

Walter, en parfait disciple de ses maîtres soviétiques, avait procédé à des fusillades arbitraires.

N'est-il pas infiniment douloureux de voir des officiers, intronisés eux aussi au petit bonheur dans leur grade, s'avérer d'une incapacité à faire frémir ? À la base d'Albacete, quelques jours avant le départ pour le front, on a mis à la disposition du commandement des armes automatiques importées de Russie. Matériel qui, comme le commandement, flambe neuf. Or, à l'usage, sur trente-cinq mitrailleuses, par exemple, trois ou quatre seulement étaient bonnes pour le service. Proportion d'ailleurs équivalentes aux capacités, prises en bloc, des officiers frais éclos.

N'était-il pas logique d'admettre qu'un si monstrueux déchet de matériel ne provenait que d'un sabotage organisé, et organisé dans les services mêmes des trains de combat ; logique aussi de supposer qu'un identique sabotage sévissait sur un plan équilatéral, en ce qui concerne l'intendance et les transports, dont le rendement maximum sur le terrain ne dépassait jamais dix pour cent ? Qui aurait gêné les saboteurs dans leur œuvre dévastatrice.

Ils pouvaient « agir » en liberté, à côté de chefs aussi guignolesques qu'un Walter, doublé d'un état-major de Polichinelles, dont un officier sur dix, à peine, savait lire sur une carte d'état-major.

Mêlée intimement à ces nullités, notre Légion, elle aussi, avait le champ libre. Lorsque fut exécutée l'opération qui, pour un temps, freina l'avance des nationalistes sur Jaén (opération sanglante pour l'armée républicaine), les chefs politiques résolurent d'en finir avec les saboteurs que la quatrième brigade recelait dans son sein. Ils firent appel aux bons offices du S.I.M.[1] L'enquête, menée avec assez de décision et de rapidité, se révéla grosse de surprises d'une exceptionnelle gravité. Faute de pouvoir étiqueter nommément les coupables, les dirigeants affolés

---

[1] S.I.M. : *Servicio de Información Militar*, service secret des forces armées républicaines. (NDÉ)

laissèrent filtrer la suspicion qui, telle une nappe d'huile, s'insinua à tort et à travers dans les rangs des troupes internationales et espagnoles.

Dans la première charrette, monta le commandant Delasalle. Delasalle n'avait jamais dépassé, dans l'armée française, le grade de lieutenant. Il avait, auparavant, guerroyé avec bravoure, dans les armées Denikine et Wrangel, en Russie blanche, sans avoir, cependant, commandé une unité importante. Accusé d'une foule de trahisons, plus noires les unes que les autres, Delasalle fut exécuté d'une balle dans la nuque, selon la méthode chère à la Tchéka.

À sa mémoire, je dois de déclarer : Delasalle n'était pas affilié à la « Légion Tricolore ». Il est exact qu'à un moment, j'avais songé à utiliser ses services, mais j'y avais renoncé presque aussitôt, lorsque je m'étais aperçu que, dans notre confrérie, de même que dans un poste de commandement, il ne serait pas à la hauteur des tâches qui lui seraient confiées.

Et dire que Delasalle avait été envoyé en Espagne pour y jouer un rôle de tout premier plan !

OFFENSIVES ET SABOTAGES

Voici la quatrième brigade arrivée à Madrid.
Les amis que je possède dans cette formation me donnent sur elle des renseignements qui me laissent entendre que la brigade ne peut jouer aucun rôle dans la prochaine offensive, bien que les trompettes de la renommée soviétique proclament que le général Walter, commandant de la brigade, soit doué du « génie ».

Avant d'emboucher, derrière les thuriféraires, les buccins de la gloire et de chanter un *Te Deum* à l'adresse de Walter, je circule dans les unités qui composent la brigade. Promenade édifiante : les hommes manquent du strict nécessaire, la moitié des Volontaires ne possède pas de fusils, et tous crèvent de faim, les trains réglementaires n'ayant pas suivi la marche des troupes. Les fourgons de munitions sont « quelque part » en Espagne, mais certainement pas à Madrid, ni dans ses faubourgs.

La « purge » colossale, que la brigade a prise en Andalousie, n'a produit aucun effet.

On me donne l'ordre de ravitailler en vivres les soldats du général Walter. Je fournis le nécessaire et même un peu plus... et je reçois un bouquet de félicitations... On affirme que je réalise des miracles stupéfiants à l'image de tous les miracles, puisque les greniers sont, paraît-il, vides... Me voici en passe d'être canonisé par l'Église communiste !

Une fois restaurés, les bataillons de la quatrième brigade sont dirigés sur le Prado, dans l'espoir que les « services » vont roue dans roue avec armes, munitions et ravitaillement.

Si la quatrième brigade monte en ligne, c'est que l'offensive va être tentée... On dit d'ailleurs qu'une dizaine de brigades doit participer à l'action. C'est donc un « gros morceau » que l'état-major veut enlever...

Nous n'avons donc pas à musarder du côté « Légionnaires », si nous voulons « à notre manière » participer à l'opération. Une indication précieuse me parvient : les armes qui doivent être distribuées pour la grande offensive ne sont pas arrivées à pied d'œuvre... Le contraire eût été étonnant ! Je viens d'autre part de constater que les deuxième et quatrième brigades n'ont emmené avec elles qu'un matériel de fortune, plus qu'insuffisant pour soutenir efficacement le premier choc de l'ennemi.

C'est donc une manœuvre à double détente qu'il me faut exécuter, et à une vitesse éclair : 1° savoir où sont entreposées les armes attendues par les unités en ligne ; 2° freiner au maximum les trains régimentaires de la quatrième brigade.

À Ocaña, je prends contact avec mes « amis ». Ils ont fait merveille. Les camions qui composent le train de la quatrième brigade, égaillés sur 200 kilomètres de route, ont, les uns après les autres, craché leurs « poumons » d'acier... On les attendra en vain sur le front de bataille : irrémédiablement « gazés », ils vont mourir lentement et sûrement le long des pistes... La question des camions et du train n'est qu'un des aspects du problème qui se pose à nous avec une urgence record. Celle des armes est d'une autre envergure.

Les stratèges en chambre de l'Internationale ont crié à tous les échos qu'il était arrivé à Madrid des mitrailleuses « dernier cri » en quantité industrielle... Des trains entiers de quarante wagons et plus auraient déversé (que disent ces messieurs-pontifes) ces instruments de haute précision dans « les immenses entrepôts » que possède l'état-major... Voire ! Avec une froide assurance, je dévale en trombe jusqu'aux bureaux de l'état-major du général Miaja. C'est le colonel Rojo qui me reçoit. Il veut bien se souvenir de moi. Je lui expose le but de ma visite impromptue : il me faut fournir sans délai aux brigades qui montent au feu le maximum en quantité et le maximum en qualité d'armes perfectionnées... Je manque tomber de saisissement lorsque le colonel me déclare que Madrid ne possède « *aucune arme automatique en réserve* »... Puis, immédiatement acerbe, le colonel vitupère les « Internationaux », qui « font une consommation insensée de matériel »... Précisant mieux sa pensée, il ajoute : « À chaque affaire où sont engagées les brigades, elles laissent aux mains de l'ennemi à peu près toutes leurs armes automatiques »... Il conclut enfin, avec une nuance de méprisante ironie : « On dirait que vos hommes le font exprès et qu'ils ont intérêt à se faire prendre leurs armes »...

Je n'ai garde d'interrompre le soliloque de Rojo. Très peu me chaut ce qu'il éructe, et moins encore ce dont il se plaint. Je sais, moi, qu'il existe à Madrid du matériel disponible, et je veux savoir où il se cache.

Tranquillement obstiné, je réclame du colonel, ancien instructeur des Phalangistes de la province de Tolède, 200 mitrailleuses et 400 fusils mitrailleurs... Que Rojo soit suffoqué de mes prétentions qui frisent l'incongruité, j'en conviens, et d'autant plus que je connais maintenant ses sentiments sur l'usage que feraient les brigades des armes à elles fournies. Mais comme je m'incruste dans son bureau, il se débarrasse du « sale communiste » que je suis (c'est, j'en suis convaincu, l'épithète que le colonel accole à mon nom) et il me donne un bon pour *dix* mitrailleuses et *vingt* fusils-mitrailleurs. Dire qu'il me donne « ce bon » n'est pas exact... Il me le jette dédaigneusement, et son attitude dit clairement : « Ce que je vous accorde est encore trop élevé pour ce que vous et les "vôtres" allez en faire »...

Au moment où je vais prendre congé, papier en main, le colonel me lance :

— Vous trouverez le matériel à Quintanar de la Orden, au parc d'aviation...

Je vole au parc... Pas plus de matériel que de beurre en broche... Pendant deux jours, je cours après mes mitrailleuses fantômes... Enfin, je « sens » la bonne piste... Elle me conduit vers la gare du Nord à l'arsenal du Pacifico... « Un trésor est caché dedans... » me dit mon petit doigt... et mon petit doigt ne m'a jamais trompé... J'approche de la fortune... Tandis que je roule sur la large avenue qui conduit à l'arsenal, les balles sifflent, les obus « accrochent » des immeubles qui croulent... Mais Dieu ! que ces tirs sont mal réglés !... Messieurs les Franquistes d'en face seraient-ils néophytes en artillerie, ou bien leur inexpérience, en matière de balistique, est-elle voulue ? Enfin me voici dans la place... Le colonel, qui y commande, en un français très pur, me déclare :

— Il n'y a pas de mitrailleuses ici... Nous en attendons de Valence...

Je ne me démonte pas. Pathétique, je dis au colonel l'offensive imminente :

— Vous êtes en retard sur l'horaire, mon cher camarade, me rétorque-t-il, car je viens d'apprendre que l'offensive en question est retardée de quelques jours...

Un instant ébranlé, je me ressaisis bien vite. Mes renseignements sont de première source : les armes ont quitté Valence, elles sont à Madrid. Brusquement, je me souviens d'une phrase échappée à un officier du parc d'aviation : « Il existe à Madrid un stock important de mitrailleuses Colt et de fusils-mitrailleurs. »

Alors, puisque les armes existent, pourquoi s'acharne-t-on à les dissimuler et même à nier leur existence ? Quel rôle joue dans cette sombre histoire le colonel Rojo, tenant d'un des plus importants postes de l'armée républicaine ? Ne laisse-t-il sciemment assassiner ses « frères communistes » ? Il se joue, dans les coulisses, des tragédies homériques. J'ai enfin trouvé mes mitrailleuses et mes fusils-mitrailleurs. Un coup de chance a aidé à ma découverte et coup de chance réalisé avec la complicité involontaire des avions Caproni de l'armée Franco...

En ce mois de janvier délicieusement ensoleillé, une dizaine de trimoteurs italiens exécute au-dessus de nos têtes une promenade-reconnaissance. Les Espagnols détalent vers leurs abris. Magiquement, les magasins du Pacifico se vident... et c'est dans la plus parfaite quiétude que nous chargeons, jusqu'à pleins bords, cinq camions de mitrailleuses et de fusils-mitrailleurs.

OFFENSIVES ET SABOTAGES

Allègre et souriant, je rentre dans nos lignes et y suis reçu en triomphateur... Tout le monde se précipite pour « empocher » le magnifique matériel que je viens d'apporter...

Minute, mes chers camarades ! Bas les pattes !... Laissez-moi le temps de « mettre au point », comme il sied, ces délicats joujoux... Mes aides et moi passons la nuit à « roder » suivant notre « technique spéciale » les superbes mécaniques, supérieures aux meilleures... Las ! les apparences sont souvent trompeuses. Mitrailleuses et fusils-mitrailleurs, semblables à ceux fournis pour les combats du Manzanares, à ceux livrés aux Volontaires lors des attaques autour de la Cité Universitaire, à ceux de l'affaire de Lopera, vont « flancher », dès les premières bandes tirées... Mais aussi quelle imprudence de confier à la « Légion Tricolore » et à son chef la surveillance, la responsabilité et la distribution d'armes aussi fragiles !

Une surprise... J'ai vu trop grand puisque j'ai chargé mes camions au Pacifico. Mitrailleuses et fusils-mitrailleurs excèdent les besoins immédiats. Il y a un sérieux « rabiot »... Qu'importe ! On ne me prend pas sans vert... Douillettement, je fais porter vers Aranjuez, dans le lit de la rivière, terriblement en crue à la suite des pluies récentes, l'excédent de mon beau matériel. Lesté à plein, il va aller dormir son dernier sommeil dans les flots débondés.

Peut-on appeler « offensive », une opération sporadique, telle que celle de Las Rozas ? En tout cas, les résultats sont minces. Je puis constater, une nouvelle fois, que, stratégiquement, l'opération a été viciée dans l'œuf par des puissances occultes et mystérieuses, et que si la « collaboration » de nos « Légionnaires » a aidé au navrant bilan de cette échauffourée, ce n'est pas à « nous » que revient le premier rôle. Beaucoup de sang a coulé et le moral des troupes en a reçu un nouveau swing. Les désertions recommencent.

C'est que nos maîtres ne sont pas encore parvenus à inculquer aux Volontaires que se faire zigouiller à tire-larigot pour la « Cause » est un acte de foi... Et puis, trop d'aventuriers aux âmes sales sont dans nos rangs internationaux... Ceux-là ne sont pas engagés pour se battre, mais pour ramasser une « pelote ». Puisqu'on se fait tuer, il y a maldonne. Il ne reste qu'une solution : foutre le camp !... Et les fuites se précipitent.

DANS MURCIE

Nous voici à Murcie à la suite d'incidences et d'incidents nombreux... ainsi notés dans mon journal :

1° Ordre est donné de reformer la première brigade, de la « refondre ». Il lui faudrait des professeurs de courage, le courage étant la chose du monde la plus mal partagée parmi les pauvres diables rescapés des bagarres antérieures.

2° C'est pourquoi sans doute on décide... qu'une cure de la brigade au bord de la mer est tout indiquée.

3° En conséquence (première quinzaine de ce janvier 1937) les hommes de la brigade sont avisés qu'à la suite des actes « héroïques » inscrits par eux sur le sol d'Espagne, l'état-major leur offre une permission de détente et de rajeunissement, sous forme de cure au bord de la mer.

4° Ce communiqué est, comme on pense, accueilli dans la brigade par un hymne de reconnaissance frénétique, suivi incontinent d'une nouba de « derrière les fagots ». Messieurs les contrôleurs politiques ne dédaignent pas de prêter la main à la kermesse... Ne cultivent-ils pas cette conviction que gueuletons, sacrifices bachiques, et *tutti quanti* préparent magnifiquement à l'éclosion d'âmes et de cœurs habités par un enthousiasme égal à celui qui emportait les Volontaires de Paris vers l'Espagne, et par une foi aussi splendide que celle qui les possédait à l'heure où, du haut de la frontière, ils découvraient la terre promise d'Espagne ?...

Et c'est ainsi que nous villégiaturons à Murcie...

La « refonte » de la brigade se traduit pratiquement par des séances de farniente généralisé et sans aucune coupure, du lever au coucher du soleil. Traitement admirable pour insuffler du cran, forger des muscles d'acier, pétrir une mentalité saine et forte...

Mais quelle aubaine pour les chefs de veiller sur des hommes qui vivent dans un état d'hébétude euphorique : *ipso facto*, ces messieurs sont délivrés de tout souci, les politiques comme les militaires ! Sur le terrain du laisser-aller ils sont tous d'accord... Ils contemplent, l'esprit serein, leurs ouailles métamorphosées en moutons bêlants... « Tout est pour le mieux dans le meilleur des mondes », pensent-ils. Dans leurs cervelles de microcéphales, ils ne se souviennent pas que souvent, trop souvent, le calme est précurseur de la tempête. Vlan !... ça ne rate pas...

Les Français ne veulent pas être commandés par des officiers slaves. Leur mécontentement, bien qu'à retardement, reproche véhémentement à leurs chefs des massacres dont eux, Français, ont fait les frais au cours des combats sous Madrid. Ils vont même jusqu'à insinuer que ces hécatombes ont été perpétrées *par ordre*... Vidant leurs rancœurs, ils évoquent, par un réflexe subit, une série de détournements, plus ou moins vrais, qui auraient été commis à leur détriment. Ils se disent honteusement détroussés. Ils citent des noms, le général Kleber en tête, dont la caisse accuserait un « trou » de 500.000 pesetas.

Calomnies ou vérités ? Le fait est que les plus incrédules sont touchés du doute, et du doute à l'effervescence il n'y aura qu'un pas, vite franchi... dépassé même. Des symptômes de révolte se manifestent. En hâte, Vaillant-Couturier est dépêché vers les agités.

Pompeusement, Vaillant brandit rameaux d'olivier sur rameaux d'olivier, pousse de vibrantes périodes sur la « fraternité ». Une prise d'armes somptueuse se déroule en présence de « l'ambassadeur » Vaillant-Couturier à Espinardo. Symboles de l'union, les drapeaux français et bolcheviques mêlent leurs étamines. Mais, le défilé qui clôt la cérémonie est à peine terminé que les Français, coriaces et obstinés, refusent de servir sous un état-major russe.

Réapparition de Vaillant-Couturier. Il supplie ses « frères français » de ne pas céder à leurs nerfs. Si, pour des raisons de haute stratégie, il a été décidé de confier le commandement de certaines unités de Volontaires aux « amis » russes, tout le monde à l'état-major sait « les actions d'éclat, les victoires émouvantes remportées par les bataillons français... »

Cher Vaillant-Couturier, vous allez vraiment « un peu fort »... car enfin, cette brochette de victoires auxquelles vous vous référez, avec un culot de jument, vous n'ignorez pas qu'elle n'est qu'une brochette... de tapes cuisantes et sanglantes.

Sa corvée accomplie Vaillant-Couturier juge prudent de se retirer sous sa tente. Il remonte dans sa limousine princière et regagne le Comité directeur, ajoutant aux échecs de ses compatriotes un échec personnel assez dur pour sa vanité.

En effet, lui parti, les heurts entre Français et Russes se multiplient. On en vient aux mains. L'Internationale — au sens exact du mot — s'étale dans ses pompes et dans ses œuvres délétères. Où donc, pendant ce temps, se cachent les grands prêtres du Communisme, avec leurs bibles et leurs dogmes de fraternité ?

Dans les rues, une fois le couvre-feu sonné, les soldats ne circulent plus que la main sur la crosse de leurs revolvers.

Des renforts sont arrivés à Albacete. Ils comprennent une majorité de Français, récupérés des premières batailles. Durement travaillés par la propagande anticommuniste, dont la police ne parvient pas à saisir les fils, ils seront demain le levain qui fera monter la décomposition dans leurs propres unités... Possédés d'une peur innombrable, décidés à ne plus figurer dans les combats futurs, ils ne songent qu'à déserter. Ils ne reculeront devant aucun « truc » pour se « tirer des pieds », devant aucune manifestation, pour affirmer leur volonté de ne plus se battre... Au reste, ils vont trouver auprès d'eux, autour et alentour, tant de complaisances pour aider à leur fuite !...

Peu à peu des vides se creusent ainsi dans les unités... Lentement, l'épidémie gagne du terrain.

Dans le même temps, un nid d'intrigants se forme dans l'état-major même de la première brigade. De concert avec son chef, le colonel Hans, qui la commande, entend « russifier » complètement son unité, nommer lui-même aux grades, contrôler personnellement ses sous-ordres, sans avoir à composer avec les pouvoirs politiques. Les deux compères sont sûrs de leur fait, étalent complaisamment une assurance vaniteuse. Malheureusement, ils trouvent un « os » sur leur chemin... Cet « os », c'est moi qui l'ai fait surgir, je le dis sans vanité... Aucun doute que ce fait ne gêne considérablement ces messieurs... puisqu'ils n'ont rien de plus pressé que de remettre *sine die* l'exécution de leurs projets !

On me voit, tel Parsifal, chevalier au grand cœur, étaler une foi communiste violente, commenter avec austérité et ferveur la Bible du Parti. Mon activité déborde dans les domaines « pratiques ». Je trouve des solutions raisonnables à des problèmes irritants... Je me « répands » furieusement sur toutes choses et sur tous... Je « pullule » tandis que les autres se stérilisent. Consécration majeure, je deviens « populaire ». Et l'histoire enseigne qu'il est dangereux de toucher à un homme auréolé de cette impondérable et riche couronne qu'on appelle : la popularité... Les moyens que j'emploie pour me concilier la foule sont cependant aux antipodes de ceux instaurés jusqu'ici par les Comités directeurs du Parti, et exécutés par leurs bureaux... La fameuse discipline, que revendiquaient les communistes comme un bien propre, et qui n'existait plus qu'à l'état de souvenir, je la remets en honneur simplement, mais strictement. Le dogme de l'égalité, autre critérium de la religion moscovite, j'entends le faire respecter du haut en bas de l'échelle, sans céder à quelque complaisance que ce soit.

Et alors, que peut-on me reprocher ?... Sinon une théologie parfaite, un comportement inattaquable dans mes actes « spirituels » et matériels ?

Mais pour travailler tranquillement, le climat de Murcie, chargé de lourdeurs accablantes, avec son ambiance internationale, n'est guère recommandé. J'éprouve d'autre part un pressant besoin de me concerter avec mes « amis », et de rencontrer, à l'abri des indiscrétions malséantes, les Espagnols gagnés à notre cause.

Je décide donc d'installer mes services à Algezares, en pleine sierra, entre les murs d'un ancien couvent. De la superbe et immense terrasse qui s'ouvre au pied du monastère, la vue embrasse jusqu'à l'infini une mer d'orangers et de citronniers... Le site invite puissamment à la rêverie, aux spéculations de l'âme, à la poésie.

Dans cette thébaïde, je dresse mes plans en vue de prochaines batailles. Travail de castor, semé de chausse-trapes, entre lesquelles il me faudra cheminer sans faux pas, ne serait-ce que pour établir les liaisons sans lesquelles tous préparatifs seraient inopérants... Les « délégués » de notre « Légion » sont, l'un à Madrid, l'autre à Albacete, un troisième à Teruel, un quatrième à Valence, un cinquième à Barcelone... Pour les toucher... Pour les toucher, les uns après les autres, je « crève » littéralement ma voiture, pourtant robuste et puissante. Circulant nécessairement de nuit, je cours les routes dans une perpétuelle tension des nerfs, la volonté bandée pour déjouer, pour éviter, les embûches, redoutant sans cesse une défaillance, une faute, une mauvaise compréhension de la part de nos chers « Légionnaires »... Sans cesse, je côtoie l'abîme. En un qui-vive perpétuel, je me ronge d'inquiétude, lorsque le renseignement précieux, que j'attendais anxieusement, ne me parvient pas à la minute précise... J'écarte volontairement de ma route les visages nouveaux, qui rôdent sans raison plausible autour de mon P.C.... Je me défie surtout, malgré les preuves extérieures de confiance et d'amour qu'ils me prodiguent, des agents du Guépéou, quoique je sache, selon les sources les meilleures, que ces messieurs me considèrent bougrement à l'heure actuelle. Je suis en effet pour eux tout à fait dans la ligne du Komintern...

Et pourtant, il s'en est fallu d'un poil de grenouille que ma « ligne » soit brisée… :

Je revenais d'Albacete, où j'avais été discuter des armements de la 1re brigade. D'autre part, nous avions reçu en renfort deux bataillons espagnols, tout récemment formés. On devait les fusionner avec les unités internationales, mais ils ne possédaient pas encore de fusils… Ceux des brigades étaient, pour 50 %, tous de modèles différents.

Mon déplacement vers la base se justifiait donc par ma volonté de donner à la troupe un véritable potentiel de combat. À Albacete, j'avais recueilli les assurances les plus formelles : sous quelques jours, je toucherais tous les fusils nécessaires et tous seraient d'un seul et unique modèle, de même qu'on me remettrait les mitrailleuses, qui, elles aussi, seraient d'une seule et même marque… On semblait m'avoir parfaitement compris à la base, lorsque je disais l'urgence de mes demandes en vue de l'opération d'envergure qu'on préparait en direction de Tolède… J'entendais qu'on en finît désormais avec les « errements » passés voulant que l'on distribuât les armes quelques heures avant la montée en ligne… Ces précédents m'avaient suffisamment instruit pour justifier mes précautions présentes, qui me commandaient d'avoir entre les mains le contrôle complet de la brigade appelée à participer aux prochaines actions…

Je ne quittai d'ailleurs pas Albacete sans avoir la certitude que j'aurais toute satisfaction… Assuré alors d'avoir pris toutes dispositions utiles, je regagnai, doucement cette fois, mon domaine de la sierra, où je comptais, en grande quiétude et sereine objectivité, faire un « tour d'horizon » complet dans le champ de mes « affaires ».

En terrant mon P.C. dans les flancs de la montagne, je n'avais pas agi à l'aveuglette. J'avais refusé de m'installer dans une des nombreuses et fastueuses propriétés de la région.

Lorsque j'avais cherché, en compagnie du maire d'Algezares, un « nid » pour abriter mes services, j'étais tombé en arrêt, tout d'un coup, devant l'ex-monastère, parce que, derrière ce couvent, s'ouvraient de profondes et mystérieuses grottes, et que, mon flair professionnel aidant, j'avais immédiatement « senti » des munitions dans les cavernes... Un de mes hommes, envoyé en enquête, m'avait confirmé l'excellence de mon sens olfactif.

Devant le maire, j'avais dissimulé la joie secrète que me procurait une découverte, dont je supputais par avance les formidables conséquences.

Installé, dès le lendemain, dans le monastère réquisitionné, je n'avais rien eu de plus pressé que de me créer des « intelligences » du côté de l'antre à munitions. En distribuant négligemment un peu de tabac, des confiseries, et des conserves, tous prélevés sur les stocks dont j'étais le grand dépositaire, j'avais conquis les bonnes grâces des gardiens espagnols préposés à la sauvegarde des souterrains. J'avais pu ainsi dresser un inventaire, assez exact, des trésors enfermés dans les arcanes de la sierra.

Avant l'accident, relaté plus loin, qui faillit m'envoyer *ad patres*, ma situation se présentait sous un jour favorable sur tous les tableaux. Je me disais assez satisfait de mon « organisation ». J'oubliais l'éternel conseil du Sénat romain : *Caveant consules*...

Or ce matin-là, avant de partir pour Murcie et Albacete, je m'assurai que tout était prêt et qu'à l'heure H, indiquée par moi, les grottes de la sierra et leur contenu sauteraient.

Au moment où je montais dans mon « carrosse » pour gagner Murcie, un de mes hommes m'avisa que ma tête était mise à prix depuis quelques jours... Pas plus que cela... Considéré comme « le plus dangereux des chefs communistes internationaux », je devais être supprimé... C'était ce soir même que le coup devait être exécuté... On m'indiquait mieux encore : le lieu de l'opération !... sur la route, entre Murcie et le couvent... Au dernier virage en épingle à cheveux, mes assassins m'attendraient pour envoyer choir la voiture et ses occupants sur les rochers...

Pour du nouveau, voilà du nouveau, diantre !... Je ne modifie cependant en quoi que ce soit mon emploi du temps de la journée mais, arrivé à Murcie, je laisse devant l'hôtel, où j'ai coutume de m'arrêter, la voiture avec laquelle je viens de rouler. Traversant l'hôtellerie de part en part, je m'éclipse par une porte dérobée, saute à mon garage sur ma Nervasport, et à toute pompe file sur Valence pour alerter mon équipe de « choc »... Je sors accompagné de ma « vieille garde »... Il y aura du sport tantôt dans la sierra !...

Notre convoi se compose de deux voitures : la mienne et celle de mes « anges gardiens ». J'ai prescrit que, dès que ma voiture personnelle ralentirait, la mitraillette placée sur la voiture d'escorte tirerait au niveau de la capote de ma voiture. Pas une seconde d'hésitation. Ordre de tirer à plein fouet au signal du ralentissement.

Nous roulons... Si mes croque-morts n'ont pas prévu que leur scénario serait chamboulé, nous-mêmes n'avons pas songé que nos deux voitures, roulant tous phares allumés dans la sierra, leurs faisceaux lumineux respectifs ne convergent pas sur le même plan... Les fossoyeurs demeurent pantois lorsqu'ils voient surgir deux voitures, alors qu'ils n'en attendaient qu'une. J'ai le temps de mettre un nom sur la gueule d'un des traîtres : un Spartakiste, âme damnée de Dalhem, le fameux Franz Dalhem, ex-député maudit au Reichstag. « La gueule » a nom Sampa... La participation de Dalhem au guet-apens (elle est éclatante) éclaire prodigieusement ma religion... Les Spartakistes mènent un jeu à double détente. L'accident dont je dois être victime, cette nuit, n'est-il pas un des maillons de la chaîne ténébreuse ?

Nos deux voitures sont parvenues au terre-plein qui marque l'entrée du couvent... Le doigt sur la gâchette de nos revolvers, nous sommes bien décidés à vendre chèrement notre peau.

Seulement, l'attaque attendue ne se produit pas... Les « exécuteurs » se rendent compte que, en face des dispositions que nous avons prises, le petit jeu auquel ils comptaient se livrer n'en vaut pas la chandelle... Ils réalisent qu'aux premières balles tirées par eux, les Espagnols, qui sont sous mes ordres, vont sortir du couvent... Dans les meilleures éventualités, l'opération irait à vau-l'eau... Et il y aurait « du vilain »... Assez crâne, ma foi, le Spartakiste repéré par moi au virage, le sieur Sampa, s'avance à ma rencontre, flanqué de trois Espagnols dans lesquels je reconnais trois nouvelles recrues de la brigade appartenant aux compagnies anarchistes que l'on vient d'intégrer dans la formation...

Lumières des cieux, tombez sur moi !... Tout s'illumine comme en plein dans le plus lumineux des jours... Anarchistes et communistes sont des ennemis jurés... Et c'est tout naturellement à des anarchistes qu'a été dévolu le soin de faire disparaître le « sale communiste » que je suis.

Avec une candeur aussi totale que feinte, je demande à l'homme à tout faire de Dalhem : « Que fais-tu dans ce désert, et à une heure où les honnêtes gens sont au dodo ?... »

J'avoue que ce monsieur n'est pas pris de court : il a accompagné des camarades espagnols qui sont eux-mêmes venus voir des amis habitant une *posada* un peu en dessous du monastère. Et il avait pensé vider aimablement un « pot » avec moi, cela d'autant plus qu'on lui avait dit la cave du couvent amplement fournie de fines et bonnes bouteilles...

Il débite ses patenôtres, la voix assez assurée, et profitant de l'ombre ambiante qui couvre sa sale face de Judas.

Vais-je perdre mon temps à discuter avec le monsieur ?... Autant nettoyer la place, puisque le hasard a mis mes ennemis sur ma route.

La nuit est immense. Sous sa chape noire, la montagne s'enferme dans un silence tragique... J'ai pris ma décision... « Amis, je vous offre le champagne à Algezares », crié-je... Tout le monde s'engouffre en voiture... Du couvent au village, il n'y a que quelques minutes de route... Elles me suffisent pour un bref conseil de guerre avec mes « hommes »...

Dans l'unique café du patelin, nous nous installons, fraternellement côte à côte, vidons quelques bouteilles, parlons bien entendu de la guerre et vouons aux gémonies ces « salauds de Fascistes »... Un coup à la santé de Staline... un autre à la santé de Vorochilov... tous les « cardinaux » rouges y passent. Nous communions sous les espèces de Bacchus avec eux... Mais il est bien tard... Les ruelles d'Algezares sont vides. Nous remontons en bagnole. Les trois anabaptistes, qui ont accompagné le « commis » de Dalhem, prennent la route de Murcie... J'ai pris personnellement sous ma sauvegarde mon « candidat bourreau »... Je l'assieds à mes côtés. Dans le spider de ma voiture, sont « encastrés » deux de mes hommes. Nous escaladons à nouveau la sierra. À l'entrée d'une grotte, je donne l'ordre de stopper. Sur le terre-plein, une croix, sur laquelle se balancent les restes putréfiés d'un moine crucifié et que les rayons blafards de la lune fouillent fantastiquement au gré du vent...

Je saute à terre, et m'assieds aux pieds de la croix. Juge d'enfer, dans un décor infernal, j'interpelle le lieutenant sauté lui aussi à terre :

— Lieutenant Sampa, crié-je, es-tu convaincu que le moine cloué sur cette croix était coupable de grands crimes ?...

— Commandant, réplique Sampa, c'était un sale curé... On a bien fait de le zigouiller.

— Lieutenant Sampa... à saligaud, saligaud et demi... D'autres n'ont-ils pas dix fois plus mérité la mort que ce pauvre prêtre, et tout au moins, un zigoto que tu connais bien ?

— Je ne comprends pas bien, commandant, articule Sampa, dont la voix tremble.

— Tu vas comprendre, Sampa...

D'un formidable crochet à la mâchoire, j'envoie à terre le lieutenant... J'attends qu'il revienne à lui, pensant qu'il va se décider à parler. Je me trompe... Le monsieur est un « dur » qu'il nous faut cuisiner trois heures durant jusqu'à ce que, « *knock-out* », il se décide à lâcher le morceau... Mais alors il est généreusement prolixe, et se met magnifiquement « à table ».

Il se raconte avec débauche et vanité dans ses œuvres contre ma personne... Par exemple, il y a quinze jours, il a déchargé dans ma direction le contenu du chargeur de sa mitraillette, du haut du clocher de la chapelle du couvent... L'opération a complètement raté, puisque nul ne s'est aperçu de l'attentat. Il est vrai que c'était un soir d'orage... Invité péremptoirement à recommencer son « *business* », il avait de toutes pièces monté l'accident de voiture, qui devait « m'éparpiller » sur les rochers. Il nomme ses complices, dévoile le nom de son chef direct : ce n'est pas Dalhem, mais c'est un Spartakiste du même jus qui dirige le service des Cadres des unités internationales...

J'en sais assez, trop peut-être. J'abandonne Sampa à mes « anges gardiens » et rentre en ma tanière.

Le lendemain, le maire d'Algezares m'informe que quatre corps ont été repêchés au barrage situé à deux kilomètres plus bas que le village. Les eaux de la rivière ont charrié, dans une suprême union fraternelle, les corps des trois anarchistes, hommes de main du lieutenant Sampa, jetés dans la flotte par mes amis une demi-heure avant l'expédition de leur chef dans le royaume de Pluton... Tous quatre se sont retrouvés au barrage...

Quant à l'instigateur du complot, je n'ai pas l'intention de l'oublier. Il finira d'ailleurs sa courte et tortueuse existence sur la terre espagnole, abattu d'une balle dans la nuque.

Quoi qu'il en soit, on fait un silence absolu à l'état-major des Spartakistes sur la disparition du lieutenant Sampa... Néanmoins, il serait ridicule de ma part de sous-estimer l'alerte que je viens de vivre, quelque satisfaction que je puisse éprouver en constatant que mon « organisation » est supérieure à celle de mes « chers frères ennemis ».

« JE SUIS RELEVÉ DE MES FONCTIONS. »

MURCIE trépide, résonne, chante... Défilés, promenades, invocations symboliques, bruissement d'estafettes pétaradantes, cris assourdissants... Le « grand départ » est pour demain...

« Demain, on rasera gratis »... Demain fuit, pendant des semaines entières... et nous ne déboulons pas de Murcie... La grande « réorganisation » de la 1re brigade est toujours à pied d'œuvre. Il paraît même que tout va de mal en pis au sein de la « glorieuse » unité. Les deux bataillons espagnols, avec leurs quatre-vingt-dix pour cent d'anarchistes, refusent tout net de partir pour le front... Quand des « affranchis », de l'espèce de ces gars-là ont dit non, il est vain d'essayer de les faire changer d'idée. Le prétexte qu'ils mettent en avant pour ne pas aller se « bagarrer » avec les Franquistes est qu'ils ne veulent pas être commandés par des Spartakistes, qu'ils abhorrent. Et pour les anarchistes espagnols, tous les Allemands sont spartakistes.

Au lieu de sévir avec la décision et la rapidité qui s'imposent, on « fait soviet » avec les anarchistes, mais va te faire fiche !... Palabres, pressions, appels du cœur leur font autant d'effet qu'un cautère sur une jambe de bois... Les réfractaires se murent dans leur attitude... Et tout à coup, c'est la révolte... Les deux bataillons se mutinent...

Grand branle-bas à l'état-major. Le colonel Hans ne dispose plus que de trois bataillons, au lieu de cinq, et encore la valeur des trois bataillons disponibles est-elle discutable...

Arrivent des renforts... On les « fond » au petit bonheur dans les trois unités des fidèles... Puis, nouvelle sommation... aux bataillons espagnols rebelles de rentrer dans le giron de la famille... Mais la famille, c'est un mot que ces messieurs de l'Anarchie ont rayé de leur vocabulaire...

Cette fois, l'état-major spartakiste fulmine. Il y a de quoi...

Il fait savoir en haut lieu qu'il est décidé à faire fusiller en bloc les anarchistes rebelles. Il a bigrement raison. Mais cette solution radicale n'est pas du goût des « ceusses en haut lieu... » Ils ont leurs raisons, leurs tristes raisons, pour composer avec les traîtres... En sous-main, les exaltés sont travaillés, anesthésiés... Avec des trémolos dans la voix, les commissaires du Parti annoncent le retour des « enfants prodigues »... « Embrassons-nous, Folleville ! »... et tous, d'un même élan, contre l'ennemi commun : l'hydre fasciste...

En fin de compte, voilà donc la brigade prête à se mettre en route, mais dans des conditions diamétralement opposées au projet primitif de l'état-major. L'offensive de l'armée républicaine était prévue pour le début de février. Elle ne s'est pas produite et pour cause. Les Franquistes attaquent maintenant. Les rôles sont renversés. Les unités du général Franco sont en place au Jarama, prêtes à bondir.

Or, au cours des lamentables incidents qui illustrèrent la première brigade jusqu'à son laborieux départ pour le front, mes bons amis spartakistes n'avaient pas perdu de vue le gêneur à tous crins que j'étais. Sous le prétexte d'alléger « mes écrasantes responsabilités », ils obtiennent la nomination à mes côtés d'un capitaine adjoint (qui d'ailleurs sera promu commandant quelques jours après sa prise de fonctions). Il sera chargé du « contrôle », quelque chose comme le chef d'un cinquième bureau, supprimé en tant que bureau strictement militaire.

Me prend-on pour un « enfant de chœur » ?... Simplifier ma tâche... Quelle blague !... Supprimer mes fonctions, voilà la vérité, car du moment que je ne contrôle plus — chose essentielle de mon service —, je n'ai plus qu'à regarder les oiseaux se bécoter dans les branches...

Je ne suis pas de ceux qui baissent pavillon facilement. Je rouspète et sur le mode aigre. Je représente aux organismes directeurs l'intérêt primordial qu'il y a à confier les services de l'intendance, du train de combat et des transports, aux mains d'un seul homme à poigne. Ne faut-il pas assurer la bonne marche, l'entretien et la sécurité de plus de cent camions automobiles ? Une panne dans un tel convoi et c'est un désastre pour toute la brigade.

Je me heurte à un mur... Je m'incline cérémonieusement. Tournons la page. Il n'est pas d'autre attitude possible actuellement, à moins de compromettre, par un coup d'éclat irraisonné, tout le bénéfice des efforts passés. Il est des moments où il faut savoir ronger son frein... Et je le ronge furieusement.

LA BATAILLE DU JARAMA

LES nouvelles, qui parviennent du front, sont mauvaises. Les Franquistes ont bousculé les troupes républicaines. Déjà les deuxième et quatrième brigades internationales ont été jetées dans la fournaise, lorsque notre première brigade monte en ligne à son tour.

Mon « remplaçant adjoint » a fait du mieux qu'il a pu, mais il est tellement ignorant des fonctions qu'il doit remplir, tellement éloigné du rôle qui lui est dévolu, qu'il est « noyé ». D'autres, au demeurant, seraient bien empoisonnés à sa place, mais aussi, pourquoi a-t-il, à la légère, accepté de s'embarquer dans cette galère ?

S'il a bien songé à réunir des vivres pour le voyage jusqu'au débarquement de la brigade sur le front, il n'a pas prévu que les hommes auraient besoin de manger à leur arrivée... et après. Il a estimé que les camions motorisés se chargeraient d'y pourvoir. Tout cela est théoriquement défendable, mais... : il faut toujours envisager les « mais » dans les affaires du genre de celles que nous traitons.

Premier « mais » : la brigade va être vraisemblablement engagée dès sa descente du train et il faudra donner « du cœur au ventre » à ceux qui vont aller à l'abattoir.

Deuxième « mais » : si les camions n'arrivaient pas à destination, qui serait le « couillon » ? Mon adjoint et mon adjoint seul... Mais (troisièmement) à qui les « tripes vides » ? Aux hommes seuls... Alors, de toute nécessité, il faut que les camions arrivent à bon port et à l'heure voulue.

Mais (quatrièmement) : assurer contre les risques de la route (et, nous le savons par expérience, Dieu sait s'il y en a !), la bonne et régulière marche des voitures à moteur, c'est là une chose à laquelle le capitaine adjoint n'a peut-être pas assez réfléchi...

Heureusement que « d'autres » y ont songé à sa place...

Suivons donc la théorie des autos de la première brigade. Elles ont chargé, d'une part, les vivres de réserve, le matériel de cuisine, les armes automatiques, les munitions ; d'autre part, enfin, les engins d'accompagnement et le petit outillage de réparation. En tout : cent voitures, placées sous la direction de Môssieu le capitaine adjoint Frankel... La route lui fait signe... et l'attend.

Dix kilomètres à peine après la sortie de Murcie, commencent les « pépins ». Mauvais début et non moins mauvais présage, tous les automobilistes vous le diront... Monsieur Frankel a quatre cents kilomètres de route à avaler avant de parvenir à destination. Il y a trois semaines, j'ai effectué avec tous mes équipages, le même parcours en quinze heures. Frankel les « dégustera » en quatre journées de vingt-quatre heures, après une « cascade » d'incidents allant du burlesque au dramatique, et après avoir « semé » sur la « route blanche » les deux tiers de son effectif motorisé.

Conséquence d'une lourde gravité : une « pagaïe » sans nom, lorsque la première brigade entre en action. C'est sans vivres, sans munitions, sans armes automatiques qu'on précipite les Volontaires dans la tourmente...

Je suis affecté maintenant à l'état-major du général bolchevique Gall ; au P.C. du général, à la suite de nouvelles reçues du front, souffle un vent de panique. Ordres et contre-ordres se croisent, s'entrecroisent, suivant l'origine des émetteurs : officiers, commissaires politiques ou délégués du G.Q.G.

Je rencontre le commissaire Nicoletti, affolé. Il me demande à brûle-pourpoint mon avis sur la situation. Imperturbablement, je réponds : « Si j'étais le général en chef, je ferais fusiller sur l'heure tout l'état-major de la première brigade, pour crime de sabotage. »

Ce disant, je cède, sans doute, à la rancœur que j'ai éprouvée de mon brutal limogeage, mais, en effet, l'état-major n'était pas, en quoi que ce fût, responsable du retard des convois de vivres et de munitions. Si le capitaine Frankel a été au-dessous de tout, les camions d'autre part ont flanché avec un ensemble impressionnant... parce que des mains « amies » avaient provoqué la « cascade » d'étourdissements qui a frappé ces mignons véhicules... Et ces mains-là, je les connais plus que très bien, je les reconnaîtrais entre cent mille, car ce sont celles, expertes, de mes « Légionnaires ».

Chambard fou à l'état-major. Pour peu, on enverrait tout le monde au poteau, et puis tout se calme. Frankel, lui-même, échappe à la « lessive ». Je crois même qu'on profite de l'occasion pour le gratifier de son quatrième galon. Je sais qu'au titre « d'ancien Spartakiste », de légendaire mémoire, il est « tabou »...

N'ayant plus de commandement actif, j'ai des loisirs... Je vois courir à la mort des unités entières que la foi communiste illumine encore... De quel maigre poids pèse leur martyrologe dans la balance des formidables événements qui se déroulent sous nos yeux, prélude d'autres tragédies incommensurables !...

Le lendemain, nouveau coup de surprise... On me demande à l'état-major. Cette fois, ce ne sont que sourires, grâces, et tout et tout...

— Camarade commandant, me communique-t-on, tu jouis de toute notre confiance... Aussi, dès maintenant, on te remet la direction de tous les services des brigades : ravitaillement, munitions, essence...

J'enregistre, discipliné, fais demi-tour et... me mets au boulot... Parons d'abord aux « nécessités impératives », savoir : empêcher de crever, la gueule ouverte, des troupes qui n'ont rien mangé depuis deux jours... Un lunch substantiel s'abat providentiellement sur ces affamés, qui n'ont même plus la force de se révolter, et qui d'ailleurs sont sur la ligne de mire des mitraillettes des commissaires de Guerre, embusqués dans les trous d'obus, derrière les lignes. Toute tentative de fuite recevrait un châtiment exemplaire...

Le Jarama garde et gardera son secret, comme tant d'autres coins de la terre ibérique... On ne saura jamais le nombre des pauvres bougres passés par les armes sur le champ de bataille même, sans procédure, sans simulacre de jugement, sans raison, allais-je écrire, par jeu peut-être, pour affirmer simplement « la loi d'airain » du Bolchevisme.

Et le miracle ou le mystère continue. Les Franquistes s'arrêtent, essoufflés, en chemin. Ils ne parviennent pas à enlever le système de défense aménagé sur les routes. Insuffisance de matériel ? Sur les hauteurs de Morata de Tajuña, les Franquistes sont tenus en échec sur une ligne qui descend vers Arganda.

On m'avait affirmé que les ferments de révolte qui avaient germé dans les unités internationales étaient stérilisés... Erreur ! La « bagarre », née dans les formations espagnoles, vient de gagner les dernières formations du secteur... Ce n'est pas une bagarre « à la noix ». Les hommes ne parlent ni plus ni moins que d'exécuter leurs chefs. Français, Belges et Balkaniques sont les plus enragés. La « haute police » donne à plein. On saigne sans pitié dans les rangs des mutins... pour finir par « relever » les unités rebelles. Derrière la police, les bureaux politiques s'ébrouent rageusement. Tout « rouspéteur » est immédiatement considéré comme « Trotskiste » et, de ce fait, fusillé sur place.

À Morata de Tajuña, sur les rives du rio, grand conseil de guerre. Je suis prié d'y assister en qualité de « conseiller ». Mes amis me mettent en garde. Le poste de « conseiller » parmi ce bloc « plus ou moins enfariné » du conseil de guerre ne leur dit rien qui vaille... Depuis quelque temps, on me ballotte exagérément du pinacle aux catacombes... J'avoue pourtant ne partager ni leurs craintes, ni leur pessimisme généralisé. Et puis, avant de « m'avoir », si mes collègues d'occasion ont cette intention, il y aura du baroud... du sang.

Chefs militaires et chefs politiques sont présents. Tout de suite le commandant du bataillon français demande à passer la main et me désigne comme le plus capable de prendre sa suite, car il faut « une main de fer » pour conduire ce bataillon.

Je ne me dérobe pas à cette gracieuse invite. Plus que personne, je sais la cause du mal qui dévore la troupe ; je connais nominativement les suspects. Je demande qu'on m'autorise à faire un tri nécessaire et à envoyer un certain nombre de « malades » faire une cure de repos « surveillé ».

Moi présent, tout le monde opine du bonnet. Je quitte le conseil avec l'assurance que mes propositions seront entérinées et que, demain matin, je prendrai livraison de mes « malades ».

Mais, après mon départ, Stern, commissaire de Guerre insiste pour que le conseil reconsidère mes propositions : « Si l'on remet au commandant les hommes qu'il réclame, il les fera fusiller ! » crie-t-il.

Mes amis peuvent entrer tranquillement à Valence, l'affaire est dans l'eau.

Mais, le lendemain, à l'aube, vingt Franco-Belges prennent la poudre d'escampette. Une fois encore, j'avais raison. C'est ce que ne se font pas faute de me déclarer les « purs » de l'état-major divisionnaire, qui ajoutent : « Il fallait se débarrasser de cette bande »...

Du coup, mes actions remontent. Je supervise, en tant qu'inspecteur, l'ensemble des unités internationales du secteur.

Je vais, je viens, selon mon bon plaisir, ou mes inspirations : j'ai carte blanche.

Je profite de ces journées de calme relatif pour visiter les services de l'arrière, et, au passage, pour faire quelques sondages de comptabilité. C'est alors que je pénètre dans un monde d'effarantes surprises.

Par exemple : de longues semaines durant, les livres comptables accusent l'entrée d'un nombre de rations quatre ou cinq fois supérieur au chiffre de l'actif réel. J'interroge les officiers d'approvisionnement sur cette singulière anomalie. Ils me contemplent avec ahurissement d'abord, avec pitié ensuite. Ils considèrent, en effet, que leur façon d'opérer constitue un « exploit » dont ils peuvent tirer vanité...

Je fais un tour ensuite chez messieurs les trésoriers. Ceux-là, unanimement, encaissent pêle-mêle les soldes des vivants et celles des morts. Dresser la liste des morts, c'est une chose dont on se souciera en d'autres temps, et en d'autres lieux.

Continuons à nous ébahir des officiers de tous grades, communistes inattaquables, émargeant à plusieurs budgets à la fois. J'en découvre qui touchent au bataillon, à la brigade, à la division, réalisant un triple « *event* » de soldes ou d'indemnités...

À la porte même de l'intendance (pourquoi se gênerait-on, puisque tout ce beau monde tripote ?), on vend les rations en surnombre des Volontaires, au profit d'une maffia qui en tire la « substantifique moelle ».

Je flaire aussi des opérations de « troc » sur une échelle que je devine immense et surtout, je découvre une officine de « *cambio* » qui fonctionne à faire pâlir de jalousie les professionnels de la Bourse en la matière.

Mon premier tour d'horizon me permet de conclure que la gestion administrative des unités internationales est entre les mains d'une association de malfaiteurs.

Des Gallo, des Walter, des Hans, chefs qui ont reçu l'investiture de délégués du Komintern, pillent ou tuent. Les états-majors enfantent des tragédies endémiques ; les unités vivent un drame latent. Les passions les plus abjectes se déchaînent. Des flots de sang, des mystères lourds de pestilence grondent dans une atmosphère étouffante. La crise où se débat l'Europe s'enfante sur la terre d'Espagne parmi l'horreur, les ruines et l'ignominie.

Faisons oraison à notre tour, nous autres de la « Légion Tricolore » et rendons-nous justice, sans attendre celle de l'Histoire... Il faut, en effet, inscrire à notre « actif », avec un travail de désorganisation bien compris, une entreprise de sabotage organisé, toutes œuvres qui obligent le commandement « rouge » à réviser sans cesse ses plans. En l'espace de quatre mois, nous notons à notre compte créditeur quelques centaines de camions frappés à mort sur les routes. D'autres, alignés dans les parcs, frappés de léthargie, et complètement inutilisables.

En bref, et rien qu'en ce qui regarde la seule armée du Centre, placée sous notre coupe : un ravitaillement absolument paralysé.

Mais nous avons des « émules », dans d'autres secteurs, eux comme nous anticommunistes, et pour les mêmes raisons de salubrité. Il en existe dans le sein même de l'état-major à Madrid où des officiers apportent leur pierre à l'« organisation de la désorganisation ».

Au plus fort de l'offensive nationaliste, bien que des dizaines de milliers de litres d'essence soient stockés à 30 kilomètres des lignes, on n'en trouvera pas une goutte pour ravitailler les transports. C'est à peine si les batteries d'artillerie disposeront de quelques obus par pièce. Des convois entiers de munitions tomberont entre les mains des Franquistes, abandonnés sur place par leurs conducteurs, portant l'uniforme républicain ou international.

La puissance de la junte communiste qui courbe Madrid sous la terreur est loin d'être mésestimable, car, s'il en était autrement, depuis longtemps les forces franquistes seraient maîtresses de la capitale. Le potentiel bolcheviste est un potentiel avec lequel il faut, plus que jamais, compter.

L'AFFAIRE DE GUADALAJARA

L'ATTAQUE des Franquistes sur le Jarama à peine éteinte, le bruit court qu'une nouvelle offensive serait déclenchée par leurs troupes en direction de la province de Guadalajara. Ce bruit devient bientôt certitude. L'affaire doit être menée en tornade et conduite par les divisions motorisées italiennes.

Ces nouvelles, en tombant sur Madrid, y font l'effet d'une douche glacée, d'autant plus que, dans une récente interview, accordée à la presse internationale, le général en chef, Miaja, avait déclaré :

— Il se peut que, tentant une manœuvre d'encerclement, Franco attaque dans le Guarama. Nous l'y attendons avec calme et de pied ferme. Notre système défensif dans ce secteur est *inexpugnable, inviolable.* Il fourmille de tranchées bétonnées, d'abris de toutes sortes, hors de toute atteinte. Quant à l'artillerie républicaine, elle a accumulé dans la région un matériel de toute première qualité, et en quantité impressionnante. Franco ne passera pas...

Or, bousculant les prévisions optimistes du commandement républicain, les Franquistes étaient entrés, comme dans du beurre, en plein cœur du fameux secteur « inexpugnable », pour la seule et unique raison, à elle suffisante d'ailleurs, que les belles assurances, prodiguées *ex cathedra* par le général Miaja, n'existaient que dans l'imagination de ce dernier. Les tranchées soi-disant bétonnées n'étaient qu'à l'état d'ébauche ; l'artillerie, composée d'éléments hétéroclites, manquait de munitions ; la troupe avait insuffisamment d'armes ou n'en avait que de mauvaises ; enfin, il existait une situation générale telle qu'une sérieuse résistance était du domaine de l'utopie.

Sanglant imbroglio qu'offre cette guerre... Les Républicains espagnols, les vrais (et ils dominent l'armée) sont farouchement anticommunistes. Dans le secret de leur cœur, ils appellent une victoire franquiste écrasante, qui précipiterait la débâcle des Bolchevistes. Mais ! qu'on ne l'oublie pas, la capitale était aux mains des Révolutionnaires. Le Parti y entretenait la terreur, et avait eu beau jeu d'imposer à l'état-major républicain un plan de défense et de résistance.

Ce dispositif ne devait pas, théoriquement, tenir contre un coup de boutoir sérieux asséné par l'armée franquiste.

Or, contrairement aux prévisions des techniciens, la « cause maudite » sortira de l'épreuve dans des conditions inespérées. Les lois de la stratégie ne joueront pas en l'occurrence. La nature seule, par une de ces manifestations imprévues dont elle a le secret, va bouleverser et annihiler les minutieux préparatifs des Franquistes. Les conséquences de ce « barrage » seront énormes.

Donc, brûlant les étapes, les divisions motorisées italiennes, formant une masse de choc de première valeur, magnifiquement équipées et suivies de leur ravitaillement au grand complet, approchent de Torija.

Il semble que rien ne puisse arrêter leur marche victorieuse. Mais, tandis qu'elles vont atteindre les faibles défenses républicaines, un déluge formidable, dont de mémoire d'homme il n'est pas de souvenir, s'abat sur la région. En une heure, les routes sont emportées ; à leur place, et sur des centaines de mètres de largeur, dévale un fleuve de limon, fleuve aux tentacules innombrables, qui submerge les terres à la ronde. Choses et êtres, moteurs et troupes, sont bloqués sur place, enlisés. Dans les formations italiennes, c'est le désarroi, et c'est à ce moment que surviennent les unités rouges de l'armée du Centre, amenées en toute hâte des secteurs éloignés. Troupes médiocres, à peine évadées de l'enfer du Guarama ; troupes dont le moral, déjà bas, est travaillé par la propagande défaitiste. Mais troupes qui apportent la miraculeuse puissance du nombre à un moment où les unités italiennes sont victimes d'un terrible coup de la destinée.

On a dit que les divisions italiennes, commandées par des officiers de la milice, n'avaient pu être complètement tenues en main ; que les Caproni n'avaient pu s'envoler, enfoncés qu'ils étaient dans des marécages, et couvrir les unités motorisées stoppées à Torija. On dira certainement bien d'autres choses encore, parce qu'il faut toujours expliquer, par quelque raison byzantine, les échecs les plus imprévus.

Quoi qu'il en soit, grâce à l'association impie des forces célestes avec celles des contempteurs de Dieu, l'initiative des opérations revient à l'armée républicaine à l'heure où l'aviation franquiste attendait, avec le lever du jour, l'exploitation de ses premiers succès et une victoire décisive.

La chance est contagieuse. Un bonheur en amène presque toujours un autre : des centaines d'avions de bombardement, toute l'aviation rouge, entrent en scène et déversent des milliers de projectiles sur les troupes italiennes, dont l'entrée triomphale dans la capitale avait été prévue pour le soir même. Telle est la vérité toute nue.

Il serait vain et injuste d'épiloguer sur les revers italiens. Il serait suprêmement osé, par contre, de monter en épingle la soi-disant audace, le soi-disant esprit de décision et surtout la stratégie du gouvernement républicain.

Du drame de Guadalajara, on doit, à mon sens, dire qu'il n'a été qu'un intermède dans l'immense conflit joué sur la terre d'Espagne.

Autre conclusion : le stupéfiant événement va nous permettre de mesurer la réaction des éléments étrangers installés dans la Péninsule.

La question demeure toujours la même : servent-ils leur propre cause, ou l'idéologie d'autres ? À titre d'exemple, méditons ce qui suit.

Or donc, le matin de ce jour mémorable, je m'étais présenté à l'état-major de la première brigade internationale, dont j'avais charge d'assurer le ravitaillement quotidien. Grande fut ma surprise d'apprendre que la brigade avait quitté son cantonnement à l'aube, et était partie pour une « destination inconnue ». Poursuivant mon enquête, je gagnai l'état-major de la division. On m'y confirma le départ de la brigade.

Son Excellence, monsieur le général Gall, ne put me recevoir... De graves préoccupations le retenaient à cette heure matinale... Par exemple : l'absorption d'un « casse-croûte » à sa taille... qui dépasse de haut la normale.

Je rentrai à Perales, à point pour rencontrer un officier espagnol de ma connaissance, qui me fit savoir que les forces rouges avaient été dirigées sur le front de Guadalajara. J'avais laissé, en stationnement à Perales, les trains de combat et régimentaires de la première brigade. Je constatai qu'ils y étaient encore : donc, la première brigade s'était mise en route, *sans ses vivres, sans son matériel, sans ses munitions*. Je flairai un coup monté contre moi, pardi !... Immédiatement, je donnai l'ordre de départ à mon convoi, en direction de Guadalajara.

Au crépuscule, je rejoins la brigade... et mon excellent camarade Ludwig Renn, qui reste béant de me voir, et ne veut en croire ses yeux. Brutalement, je lui demande pourquoi l'on ne m'a pas avisé du départ de la brigade, m'empêchant ainsi de faire suivre le convoi indispensable...

« Les ordres ont été donnés, répond ce Judas de Renn, il est inconcevable qu'on ne les ait pas exécutés », et tout de suite, il ajoute : « Les camarades n'ont ni vivres ni munitions, ça va très mal ! »

En effet, les hommes de liaison apportent de bien mauvaises nouvelles : les Internationaux se replient en hâte sur l'arrière. Déjà, les balles sifflent au-dessus de nos têtes. La population affolée s'enfuit.

À trois heures du matin, mes convois sont là : vivres, munitions, matériel... Je ravitaille toutes les unités espagnoles et internationales : en quelques heures, l'affaire est réglée.

Les ventres satisfaits, les cartouchières pleines, nos hommes contre-attaquent, stoppant net les unités italiennes. C'est alors qu'éclate le déluge providentiel dont on sait les folles conséquences.

J'admets que ceux qui me liront ne comprendront pas à première vue pourquoi, moi, chef de la « Légion Tricolore », et conséquemment ennemi juré des Rouges, je n'étais pas tranquillement resté à l'arrière, à Perales, avec tous mes camions et leur contenu, attendant, ou des ordres qui ne seraient jamais venus, ou, avec la fin de la bataille, la déroute des forces républicaines.

Ma conduite, par tant de côtés inexplicable, se justifie fort bien sous l'angle de notre « mission légionnaire ».

De quel maigre poids, dans le désordre de la retraite, si j'étais demeuré à Perales, auraient pesé mes affirmations que je n'avais reçu aucun ordre de suivre les troupes montant à Guadalajara ?... L'état-major spartakiste aurait juré ses grands dieux que mes services avaient été alertés en temps voulu. Éternelle histoire du pot de terre et du pot de fer : c'était moi, en fin de compte, qui aurais été convaincu de sabotage, tandis que les trois compères Walter, Hans et Renn, unis dans la même vindicte, auraient donné l'ordre de m'abattre, sans enquête ni jugement, comme un vil « chien fasciste ».

Les Espagnols, qui furent témoins de ma miraculeuse apparition, mais qui ignoraient les événements et plus encore les raisons profondes de ma décision, dirent que « leur victoire était due au ravitaillement céleste », providentiellement tombé à l'heure cruciale de la bataille, et que seule cette manne, d'essence certainement divine, et non la stratégie des chefs avait fait changer le destin de camp.

Encore une fois, ne chantons pas victoire, car il ne pouvait en être question. Les derniers coups de fusil tirés, le dernier obus éclaté, chacun des adversaires allait se retrouver, face à face, dans la même situation qu'avant le choc, ou à très peu de chose près.

Bien entendu, si, du côté franquiste, on s'efforça d'analyser les raisons de l'échec à grand renfort d'enquêtes approfondies, du côté rouge de la barricade, on entonna un péan de gloire, ce qui autorisa, selon la coutume, les chefs à festoyer sans retenue : la modestie n'était pas leur fait.

On devait légitimement escompter après ce « triomphe sans précédent », tonitrué à travers l'univers par les trompettes du Komintern, que, chez les Volontaires, la température morale allait grimper très haut.

Que nenni !... Car, de nouveau, le torchon brûlait entre « cousins » dans l'armée biface hispano-internationale.

On se lançait, de clan à clan, d'insidieuses accusations. Les Balkaniques, lâchés sur le poil des Spartakistes, hurlent que ceux-ci n'ont pas défendu, avec le cran voulu, leur secteur. Des mots, on en vient à l'empoignade... Brusquement, les mitrailleuses d'une compagnie balkanique sont braquées sur l'état-major où trône Hans, promu depuis la veille, « à la suite de ses hauts faits d'armes... », au commandement d'une division.

Les Balkaniques sont décidés à rejoindre, à tout prix, la quatrième brigade. Hans fait alors intervenir ses prétoriens... et c'est la fusillade. Branle-bas d'alerte au G.Q.G. de Madrid. Envolée des grands manitous « politiques » vers les réfractaires, discours ; mains sur le cœur, etc., etc.

Conclusion : les Balkaniques ont eu gain de cause ; ils quittent la première brigade. Ce premier incident est liquidé au détriment de la toujours chahutée discipline... Un autre survient... Le bataillon communiste de Paris s'agite, parle de hacher, comme chair à pâté, les Spartakistes, si ce sont ces anciens révolutionnaires d'Allemagne qui commandent.

Deuxième panique au G.Q.G. Rebranle-bas dans les bureaux politiques, etc., reconclusion : les Parigots quittent à leur tour la première brigade.

Parallèlement, les désertions de Volontaires se multiplient. J'apprends qu'un officier, jusqu'alors attaché à l'état-major de la 31ᵉ division, procure aux Volontaires, qui veulent rentrer en France, les passeports utiles et les facilités de transport adéquates. L'activité de ce bureau devient si manifeste que le Guépéou prend la mouche.

Pourtant, c'est à moi qu'échoit l'honneur d'enquêter sur l'affaire, et, principalement sur l'officier espagnol, à bien des titres suspect.

De concert avec la section des « chapeaux verts » (exécuteurs communistes allemands) je mène mon instruction. J'arrive aux mêmes conclusions que ces messieurs. Ainsi, satisfaction va être donnée à tout le monde, en même temps que notre « Légion » réunira, pour sa gouverne, une précieuse documentation lorsque, tout à coup, l'officier espagnol est arrêté sur l'ordre de Ludwig Renn... Cette fois, je m'y perds... quoi !... Renn brouille les fils du Guépéou qui, en accord avec moi, devait arrêter l'officier pris en flagrant délit ?... Quel est le sinistre jeu que joue ce citoyen de Renn ?... C'est lui qui a provoqué la demande d'enquête contre l'officier... pour le sauver ?... et il le fait arrêter. Est-ce pour l'arracher aux griffes du Guépéou ?

La solution de cette histoire, qui paraissait absolument noire, l'est beaucoup moins pour moi. La conclusion, à laquelle je m'arrête, doit approcher de la vérité : avant d'être découvert dans l'exercice de ses fonctions coupables, l'officier espagnol était sans aucun doute un ami plus que très intime de Ludwig Renn.

Visite de Franz Dalhem à ses compatriotes. Il s'étonne de ma présence parmi eux, puisque, dit-il ironiquement, « les Français ont demandé leur séparation de corps d'avec la brigade allemande ». Je renvoie la balle à Dalhem : « Parfait internationaliste que je suis, je ne fais aucune différence entre un Allemand et un Français. »

Dalhem esquisse un sourire, mi-figue, mi-raisin et rompt le contact. Bien entendu, je ne supporte que fort mal aisément le climat spartakiste, et plus tôt je pourrai m'en évader sera le mieux. Mais aussi, j'ai un compte personnel à régler avec quelques-uns de ces messieurs et en particulier avec le divisionnaire tout frais émoulu : Hans, de même qu'avec son machiavélique partenaire : Ludwig Renn.

Or, je sais des « choses » sur eux... qu'un homme comme moi n'oublie pas. Je sais, par exemple (puisque j'en ai la preuve), que Hans s'est approprié, sans motif, sans autorisation, sans justification, quarante mille pesetas, puisées à même la caisse régimentaire. C'est un voleur, doublé d'un infâme escroc, puisqu'il pille ses propres soldats.

A-t-il oublié qu'il y a quelque temps, son trésorier s'est évaporé un beau soir, emportant dans ses chausses le trésor de la brigade, petite bagatelle d'un million de pesetas ?...

Ce trésorier « démerdard », répondant au nom de Braüm, membre du Comité central du Parti (comme de juste), essayait en ce moment de franchir la frontière française, avec ses sacs d'écus rapinés.

Officiellement chargé du contrôle des brigades, les affaires Braüm et Hans sont de mon ressort. Je suis confirmé d'autre part dans le fait que Braüm est toujours de ce côté des Pyrénées. Je me présente donc à la trésorerie de la 1re brigade pour vérifier les comptes et on m'apprend que monsieur le général Hans a donné l'ordre formel de surseoir à toute opération de contrôle, d'où qu'elle vienne... Parfait... Parfait... Je reviendrai !

J'ai été mandé à Valence, où j'ai dû séjourner quelques jours. Pendant ma courte absence, Hans a fait des siennes : il a fait nommer par le bureau politique une commission composée de citoyens à sa discrétion. Et, avec un zèle auquel Hans, mais Hans seul, peut rendre hommage, cette commission, combien extraordinaire !, a donné un quitus général à Hans, non seulement en ce qui concerne sa propre gestion, mais également en ce qui regarde les comptabilités des « sous-verge » dudit Hans...

Bien joué, le tour de passe-passe... Évidemment, je suis refait... J'entre dans une grande colère qui s'accroît lorsqu'on m'annonce : « La 35e division, au commandement de laquelle

Hans vient d'être appelé, passe sous le contrôle espagnol, et, *à la demande de Hans, un liquidateur des comptes de cette division a été nommé.* » Malice cousue de fil blanc ; la première brigade n'est pas rattachée à la 35ᵉ division.

La lutte se fait plus âpre.

Les jours qui suivent, de nouvelles « relations » viennent me distraire dans ma solitude de Guadalajara. C'est ainsi que je reçois la visite du général Gorew, du général Koper Walter, des commissaires et contrôleurs, hauts galons, de reporters de l'agence Tass. Ces messieurs fréquentent ma table et la fleurissent de leur douce présence. Ils s'étonnent cependant que je partage mes repas avec mon personnel, et que je couche même en dortoir avec eux.

Je réponds à leur étonnement par un étonnement collatéral : « Si j'entends, à tous instants, contrôler mes collaborateurs, j'autorise mes sous-ordres à contrôler mes actes. En agissant ainsi, ne me tiens-je pas farouchement dans la ligne communiste ? »… Bien qu'ils me couvrent ouvertement de fleurs, j'ai l'impression qu'au gré de mes invités, je suis trop profondément ancré dans la fameuse « ligne ». Mon austère piété aux dogmes du Parti est louche…

Une fois encore, je suis passé à travers un traquenard « pommé ». Je l'évite, cette fois, d'un demi-poil.

Voici le film de cette rocambolesque histoire :

Mon « ami très cher » Hans, commandant la 35ᵉ division, vient m'inviter à sa table. Je m'apprête, sans enthousiasme, à déférer à l'invitation, par avance sur mes gardes, lorsque mes « amis » m'avertissent qu'on a manigancé contre moi un guet-apens solidement charpenté, ce qui ne m'empêche pas d'honorer de ma présence les agapes auxquelles je suis convié.

Il fait nuit, quand je me mets en route. Les rues de la ville sont désertes. Je me dirige vers mon garage où mon chauffeur m'attend auprès de ma voiture, parée comme à l'ordinaire de mitraillettes et de grenades O.F. Dans ce satané pays, et avec les fréquentations que je me connais, prudence est mère de sûreté.

Mon garage se tient au fond d'une impasse, qui communique avec une petite place. Au fond de cette « placette », une église désaffectée, que l'on a transformée en dépôt à vivres. Je ne suis qu'à une dizaine de mètres de ma voiture, lorsque j'entends derrière moi des bruits d'hommes courant à toute vitesse ; en même temps, une rafale siffle à mes oreilles, m'encadre à droite et à gauche... Un bond... je m'aplatis à terre. Une douleur cuisante me frappe au mollet... Je suis touché. Tout cela n'a duré que l'histoire d'un éclair... Mon chauffeur me relève, on m'emporte chez un docteur ami qui extrait aussitôt la balle. La blessure est quelconque : huit jours de chambre, la patte allongée. Je m'en tirerai encore cette fois... C'est pour rien.

Point n'est besoin de me torturer les méninges pour deviner qui a recruté les assassins et organisé mon assassinat. Pas besoin d'être grand clerc pour résoudre une énigme, qui n'en est pas une... Les criminels ont signé eux-mêmes leur forfait.

Preuve m'en est donnée par le simple fait que les bandits spartakistes, qui gouvernent la 35e division, ne se sont même pas inquiétés de mon absence à leur rendez-vous « dînatoire » : ces aimables messieurs doivent me croire « buté » pour le compte... On dit ça !

Je fais le mort pendant ma convalescence... Durant dix jours, je condamne ma porte, même à mes plus fidèles amis. Au moment où je fais mes premiers pas dans ma chambre, j'apprends que mes assassins ont répandu le bruit que le « commandant » avait été arrêté sur l'ordre du « gouvernement républicain ».

Plus que jamais, je me confine dans ma position de cadavre, jusqu'à ce que dans la nuit noire, dûment camouflé, et fortement protégé, je m'évade de Guadalajara, séjour malsain pour moi.

Je gagne Albacete où, tranquillement, je me présente à l'état-major. Avec la même désinvolture, je demande, comme c'est bien mon droit, à quitter les formations spartakistes. Tout de go, le commandant de la place m'offre la direction de l'intendance, pour les Internationaux.

L'AFFAIRE DE GUADALAJARA

J'entre ainsi d'un seul coup dans la « Grande Maison », siège de la fine fleur du haut Communisme en Espagne. Ma nomination en poche, je retourne à Guadalajara. Je me donne la joie d'envoyer, par un agent de liaison, un billet à mon « cher Hans », par laquelle je lui exprime très gentiment mon désir de quitter ses unités, étant véritablement fatigué, et ayant un besoin urgent de repos.

J'ignorerai toujours la « gueule » que dut faire Hans en lisant ce poulet. Mais, le lendemain, il veut bien me gratifier d'une réponse... Ma requête est acceptée, mais on ne veut pas me laisser partir sans me dire combien « mon concours était précieux ; quels regrets un collaborateur, tel que moi, laissera derrière lui à la 35ᵉ division ; cependant, on se rend à mes raisons impérieuses ».

Laissons mijoter ces messieurs de la 35ᵉ division dans leur jus plus que tourné. Pour l'heure, j'ai terminé « mon travail » dans la région, et, d'ailleurs, les Internationaux vont quitter le secteur. Mon « ami » Hans sera placé sous peu à la tête d'une formation mixte, qui ne contiendra que dix pour cent de Volontaires.

Je manquerais à tous mes devoirs si je ne laissais à Hans un souvenir tangible de ma reconnaissante « amitié », soit un quarteron d'Espagnols, affiliés à notre « Légion Tricolore ». Ils aideront à la gloire du général, et sauront lui ouvrir la voie de ses futurs « triomphes ».

J'ai quitté Guadalajara depuis une semaine à peine, quand il m'est fait part que tous les chauffeurs espagnols, détachés dans les services du train que je dirigeais, abandonnent leur poste, arguant qu'ils n'ont pas eu de permission. Il n'en est plus un seul au volant, tant à la 35ᵉ division qu'à la 1ʳᵉ brigade : c'est la défection en masse.

En même temps, agissant comme sur un mot d'ordre, l'immense majorité des fonctionnaires de mes services d'intendance et du train de combat, composée de Français, Polonais, Tchèques et Hongrois, demande unanimement à regagner la base d'Albacete, ne voulant pas collaborer, dix minutes de plus, avec les officiers spartakistes, qui m'ont remplacé.

Ces marques de dévouement à ma personne, que j'ignorais absolument, sont touchantes, mais trop ostentatoires ; et, en tout cas, bien prématurées ! J'en fais la remarque à l'agent de liaison qui m'en instruit.

Cependant l'écho de ces défections parvient jusqu'au bureau politique de Madrid. Excellente occasion offerte à mes « ennemis tutélaires » pour insinuer en haut lieu que je suis l'inspirateur et l'auteur de ces actes d'insubordination, commis dans mon ancien commandement. Voilà les hordes spartakistes de nouveau déchaînées contre moi...

À leur instigation, et à la suite d'un déplacement spécial du commissaire de guerre de la 35e division, le sieur Henner, super communiste, on arrache au commissariat général de Madrid un ordre d'informer et une citation à mon endroit, qui m'enjoint de comparaître devant le bureau politique.

Les épines, après les roses, sous lesquelles on m'ensevelissait il y a quelques jours ! Après les louanges, un décret d'accusation, qui ne repose que sur du vent, tandis que, en cherchant bien, on trouverait autre chose de plus « consistant » sans aucun doute, à m'opposer.

Mon délégué à Madrid m'avertit de l'affaire et m'invite à ne déférer, sous aucun prétexte, à la convocation, « car, dit-il, dès que je remettrai les pieds à Guadalajara, les Spartakistes m'arrêteront ».

Je réponds à Herr Henner que « vues les absorbantes fonctions qui viennent de m'être confiées à la base d'Albacete, il m'est absolument impossible de m'absenter pour le moment, mais que je suis à sa disposition pour discuter son rapport et répondre à toutes les questions devant le grand état-major ».

Coup de baguette magique... Je n'entends plus parler de rien, mais je suis, plus que jamais, ancré dans cette idée que l'on ne m'oublie pas, et que l'on ne m'oubliera pas, dans certains milieux de ma connaissance.

À LA BASE D'ALBACETE

Comme j'arrive à la grande base internationale, Marty n'y est plus. Il a été rappelé en Russie, à la suite des combats du Jarama, pour faire son rapport au Komintern, expliquer — ou tenter d'expliquer — les causes et les raisons des défaites répétées, essuyées depuis quelques mois par les troupes internationales.

C'est un fait patent que, partout où elles ont été engagées, les brigades ont enregistré raclées sur raclées, que les morts et blessés se chiffrent par dizaines de milliers. Aux défaites matérielles et humaines, se superposent des défaites morales. Ainsi vingt mille Volontaires ont déserté leurs formations. Nombre d'entre eux ont réussi à gagner Valence ou Alicante, d'où, grâce à l'aide complaisante des consuls de France, ils se sont enfuis Dieu sait où, pour s'évader de ce qu'ils nomment « l'enfer rouge ». D'autres, arrêtés en chemin, périssent d'une mort lente dans les geôles de Marty. Quelques-uns sont terrés chez des Espagnols antigouvernementaux, farouches ennemis de la collusion hispano-soviétique. Lorsque je débarque, on parle encore couramment de « l'enfer d'Albacete ».

Du temps où régnait sans partage Marty, super-délégué des puissances rouges en Espagne, une terreur indicible s'était appesantie sur la ville et sur ses occupants. Sur les murs des cellules de la caserne de la Guardia Nacional, se figent toujours des flaques de sang coagulé, derniers vestiges des victimes immolées dans ces *in pace* par ordre du « mutin de la mer Noire ». Partout encore des lambeaux de cervelles desséchés, des morceaux de crânes éclatés, signatures explicites des tueurs balkaniques, slaves et spartakistes du Grand Chef.

Les fosses communes des cimetières d'Albacete, le sol fraîchement remué de la plaza de Toros témoignent des hécatombes de jeunes hommes, partis des quatre coins de l'Europe dans l'ivresse d'une foi de catéchumènes, et venus se sacrifier sur l'autel de la liberté. Parce que, écœurés, désabusés, ils ont, un jour, faibli et manqué aux ukases sacro-saints de Marty, on les a froidement exécutés, déshonorés et ensevelis en vrac, comme du fumier.

Dans les faubourgs d'Albacete, fonctionnent les « maisons de rééducation » pour Volontaires, une des dernières créations du Grand Délégué, une de celles dont il se montre le plus fier. C'est là que, par centaines à la fois, on a « fait les pieds » aux soi-disant « fortes têtes »... Jetés sur une litière pourrie, les rouspéteurs en mal de « redressement » sont morts tout doucement, de faim et de soif, « redressés » pour l'éternité...

Monsieur le Subdélégué, général Marty, ne se complaisait-il pas à proclamer, en parlant de ceux qui tentaient de briser le cercle de fer qui les étouffait, et étaient pris en flagrant délit : « Cette racaille ne retournera pas en France. Elle est indigne de servir sous le drapeau de la grande et glorieuse Internationale... » ? On ne cesse de me le répéter : Albacete a été une succursale de l'enfer. Marty a fait couler des ruisseaux de sang. Maintenant on n'y tue plus à longueur de journées et de nuits, mais l'Albacete d'aujourd'hui, s'il n'est plus le domaine de Moloch, est encore le siège social d'une effroyable anarchie, abritée dans le labyrinthe de l'état-major politico-militaire, labyrinthe où les hommes liges du Grand Inquisiteur opèrent dans l'ombre, attentifs aux ordres dictés par le maître, et laissés par lui, avant son départ, pour la libre interprétation de ses « émanations » surpassant tous les autres dans la servilité et dans la cruauté. Albacete et son état-major sont des universités de vol, des écoles normales de pillage, et par conséquent : le paradis du Guépéou, l'Éden de la Tchéka.

N'empêche que la révolte bouillonne et qu'on l'endigue en vain. Écrasée à droite, elle renaît à gauche. On n'assassine plus

À LA BASE D'ALBACETE

à Albacete : on empoisonne moralement. C'est plus sûr et cela ne laisse que très peu de traces.

Telle est l'ambiance du G.Q.G. international, lorsque je m'y installe.

En ce jour de mon arrivée, 12 juin 1937, l'état-major communiste est dirigé par le commandant Vidal, sous-mamamouchi dont le patronyme exact s'écrit : Gaymann. Ça sonne « métèque ». Vidal, ça fleure bon la terre de France. Pourtant c'est sous son véritable nom de Gaymann que le monsieur a été élu, par la grâce du Front populaire, conseiller municipal de Paris. Il gouverne à Albacete une « volière » où papillonnent, sous ses ordres, une foule d'officiers de tous grades et d'origines les plus diverses.

Vidal est-il le chef incontesté de l'organisation suprême qui forme et dirige les techniciens de l'assassinat, les virtuoses du vol, les sadiques du viol, les acrobates du pillage ?... Allons, donc !... Vidal n'est qu'un « *imperator* à la manque », un fantoche maigriot, pâle et falot. Certes il gueule éperdument aux réunions « professionnelles ». Ses yeux lancent feu et flamme, mais ses imprécations ne visent qu'aux gros effets, sur une troupe avilie. Dans la tragédie espagnole, Vidal-Gaymann n'est qu'un rouage, une pièce détachée de la mécanique infernale.

Approuve-t-il les exécutions en masse de son chef Marty ? Vraisemblablement non. Mais il a exécuté les ordres donnés, sans un mot de protestation, sans un geste de révolte. Je dis : « *Vidal a servi aveuglément.* » Aux côtés de son maître, avec ses acolytes, il a tué — ou laissé tuer —, volé l'Espagne par dizaines de millions, peut-être par centaines, escroqué les Volontaires ses « frères » : Gaymann-Vidal est marqué à jamais de l'opprobre.

Je suis arrivé à Albacete, précédé d'une « solide réputation ». Pour les uns, je suis un homme tout en acier, imprenable. Pour d'autres, un « tombeur ». D'aucuns encore, me comparent à un chat, terreur des rats installés dans les innombrables « fromages espagnols ».

Je succède au Bulgare Karboff, membre du Comité central du Parti, et, conséquemment, notable personnage au pays communiste. Mon prédécesseur a jugé superfétatoire de me passer ses services et ses pouvoirs. D'ailleurs, que m'aurait-il « passé », en dehors d'une caisse qui sonne le creux et de greniers vides ? Ce qui n'empêche pas que Vidal-Gaymann a délivré à Karboff un quitus général de gestion... Pourquoi pas l'Étoile rouge ?... Ce quitus éclair sent une drôle d'odeur. Je m'attends, comme d'habitude, à quelques « surprises » dans les cartons du dénommé Karboff. Sous une croûte de désorganisation systématique, ne vais-je pas mettre le pied sur un vrai nid de fourmis rouges ?

Je modèle ma conduite sur la situation. Elle me commande d'entretenir l'anarchie avec zèle et amour, pour mieux conduire, à petits pas, jusqu'au banc des accusés tous ces chefs, aussi haut placés qu'ils soient.

Je débute par l'école d'artillerie des Internationaux. Une journée d'enquête me suffit pour démasquer et confondre le commandant même de l'école. Je le croyais d'ailleurs communiste comme ses sous-fifres. Je me trompais. Je n'ignore pas, au surplus, qu'il a « bavé » sur moi, quoique je lui aie évité le poteau d'exécution. Peu me chaut son « appréciation » à mon sujet : il est un fait indéniable : le commandant de l'école d'artillerie, officier français, a *odieusement* volé. C'est là un crime abject qui ne mérite aucune circonstance atténuante. Toute autre considération ne tient pas, en face du forfait. Le commandant est un maillon de la chaîne magique.

Les dilapidations mises à nu, je fais mon rapport au commandant Vidal.

— Es-tu vraiment sûr de ce que tu avances ? questionne l'ineffable commandant. Tes révélations, tu ne peux en douter, sont d'une gravité exceptionnelle.

— Cher commandant, répliqué-je, le contrôle, que je viens de faire rapidement dans le « bordel » administratif de l'école d'artillerie, révèle des détournements, dilapidations et entourloupettes qui ont procuré certainement une petite fortune au chef du centre...

C'est Vidal en personne qui me supplie de ne pas ébruiter l'affaire. L'officier prévaricateur est le frère d'un parlementaire français (ce qui n'est pas une référence), mais quelle histoire si le coupable est traîné publiquement sur la claie !... Aussi le désir de Vidal, désir qui a toutes les allures d'un ordre est-il de « noyer le poisson ». Ah ! ah ! faut-il trop bien comprendre ?... Vidal, le commandant de l'école, et tous les « rats » installés dans la « maison » se tiennent les uns aux autres, liés par une francmaçonnerie criminelle...

Personnellement, je ne suis pas pressé de... conclure. J'ai la ferme intention de continuer mes petites enquêtes et j'attendrai tranquillement les sanctions inéluctables... Elles ne tardent pas.

Brusquement, la plaie est débridée. En coup de foudre, Vidal quitte le sol espagnol et n'attend pas le règlement de ses comptes. Il paraît, au dire des médecins, que le climat de l'Espagne ne lui vaut rien. Je le crois... Il règne ici une atmosphère de bilans truqués qui assomme ou étourdit l'homme le plus solide... Ce « pauvre » Vidal n'a pu se défendre contre l'ambiance maléfique... Il a sombré, et sombré désespérément, honteusement.

Jusqu'alors, le commandement français avait gardé la prédominance à la base d'Albacete. Certes, depuis quelque temps, l'influence des Spartakistes s'y faisait, chaque jour, plus instante et impérieuse. Après le départ de Marty et de Vidal, d'importantes mutations vont s'y produire. Le lieutenant-colonel Below prend la succession de Vidal. Below était auparavant chef d'étatmajor de la deuxième brigade.

Avant de boucler ses valises... et maquiller ses livres, Vidal présente son successeur aux officiers de la base et aux chefs de service... Des fleurs, des fleurs, à pleines poignées. Échange de congratulations hyperboliques... Et le reste !

Des *Internationales* démesurées..., des poings levés et des visages congestionnés par la « chaleur communicative » des champagnes et alcools sacrifiés à la victoire du Prolétariat universel... comme à l'imminente et définitive conquête de la valeureuse et grande Espagne par les Soviets.

J'assiste, témoin muet et discret, à ces éructations. Ces messieurs du pouvoir se prennent au sérieux. Ils anticipent sur le futur, l'imaginent peinturluré en rose bonbon, se voient déjà portés sur le pavois à leur retour dans leur patrie originelle, après les éclatantes actions par eux accomplies, pour la cause des peuples délivrés... Superbe insensée, aveuglement sans bornes... Voilà du moins ce qu'ils affichent... Toute la question est de savoir de quoi seront faits leurs « demains ».

Rencontre imprévue avec le reporter de l'agence Tass. Il est heureux de me serrer la main. Ma « renommée » est venue jusqu'à lui... Mazette !... Il me confie que le colonel Below se répand en éloges sur ma modeste personne, et sur mes « capacités »... Remazette !... Je suis, au dire de ce reporter, « le seul en qui le colonel place quelque confiance... »

Le colonel ne se dissimule pas l'énorme tâche qui l'attend. Il fait un sérieux fonds sur moi, qu'il juge comme un « maître organisateur » et un « administrateur hors série »...

N'en jetez plus, Messeigneurs !... Mon étoile monte trop et trop vite dans le ciel de l'Internationale... pour que cela dure... Enfin, on verra... si l'on vit... Pour le moment, descendons sur terre, où les réalités sont accablantes... La caisse centrale des brigades à la base d'Albacete est à peu près à sec... Des millions incomptables y sont entrés, en sont sortis... pour des fins en grande partie douteuses, ou inexpliquées, et pour cause.

Les entrepôts de l'intendance sont, eux aussi, d'un vide inquiétant, à la veille d'une campagne d'hiver qui, sur la majeure partie du champ de bataille, sera excessivement rude du fait du climat, des dévastations, de tous les maux qu'engendre l'état de guerre, et que le froid rendra atroces. Les côtes méditerranéennes mises à part, la température sur les hauts plateaux et dans les sierras descend fort bas pendant la mauvaise saison. Les leçons de l'hiver passé ont-elles été oubliées de ceux qui ont la charge des subsistances et de l'entretien des troupes ?

Le colonel Below me charge d'établir d'urgence des prévisions en matériel, en approvisionnements et en vivres pour une période de six mois et pour un effectif de cent mille Volontaires.

En quelques jours, le projet est prêt et soumis au colonel. Travail mathématique, rationnel, qui découle de principes connus et logiques, d'éléments concrets et dont je n'ai franchement pas à tirer vanité. Mais j'imagine que, dans la simplicité de son éloquence chiffrée, il éberluerait les hyperverbeux théoriciens de la rue La Fayette, Mecque du Parti en France.

Quel écœurement devant la carence criminelle des services de la base, lorsqu'on se souvient des proclamations éclatantes dont on nous a farcis au sujet des millions destinés à alimenter les caisses du corps expéditionnaire, millions apportés, d'un enthousiaste élan, par la classe ouvrière !

Écœurement justifié parce que, si la caisse est présentement vide, et les magasins itou, on sait qu'un innombrable matériel, un prodigieux tonnage de vivres sont arrivés de l'étranger.

Quant au bilan que le Parti communiste a établi pour justifier l'emploi de l'argent collecté parmi les prolétaires, ça — comme dit Kipling — « c'est une autre histoire ».

On en reparlera, et cette « autre histoire », j'en suis certain, intéressera les vrais et sincères militants.

ÉPURATION D'ALBACETE

Aucune réserve de matériel, ou tout comme. Peu ou prou de vivres en magasin, la caisse à nu. Telle est la crise matérielle dans laquelle se débat Albacete et qui est pourtant peu de chose à côté de la crise morale qui y sévit.

Dans la cité, les quelques mille rescapés des premières tueries errent, lamentables. Leur misère fait peine à voir. Loqueteux, décharnés, ils déambulent à travers les rues, veufs de leur enthousiasme d'autrefois. On ne le répétera jamais assez : ils ont été enivrés de « bobards », tels que : « L'armée du général Franco est un ramassis de sauvages et de nègres, abrutis par l'alcool. Cette armée va fondre à la seule approche des soldats de la Révolution, qui, une fois vainqueurs, de fêtes en fêtes, parcourront le sol ibérique à jamais libéré, parmi l'adoration des foules reconnaissantes ! »

Dans la réalité toute nue, quel réveil pour les Volontaires !

Menés au knout par des chefs qui ne connaissent que ce mode d'entraînement, traités en parias, les mitrailleuses braquées dans leur dos au plus fort de la bataille, ayant devant eux, la mort sans gloire ; derrière eux, la mort ignominieuse ; et, pour les rescapés, une surprise « énorme » à leur descente du front sur les lignes de repos : leur solde amputée de 50 à 60 pour 100, en sacrifice expiatoire sur l'autel du Parti...

Comment les chefs politiques et militaires sont-ils à ce point dénués, non seulement de bon sens, mais de sens tout court, pour ne pas comprendre que la détresse matérielle et l'abandon moral dans lesquels se trouvent leurs hommes à la base constituent les pires agents du défaitisme, qui les guette à la porte des « ghettos » où ils croupissent ?

À quoi servent ces « mises en garde » flamboyantes : « Attention, méfiez-vous ! » qui s'étalent en majuscules énormes sur les murs des casernes, à chaque page des innombrables brochures de propagande, diffusées par millions, à la glorification de la puissance prolétarienne ?

Les chefs ne peuvent ignorer qu'un chancre ronge leurs troupes. Mais ils n'ont ni les armes ni les moyens de faire mordre la poussière à leurs ennemis. Le plus grave est qu'ils se sont révélés au-dessous de leurs devoirs. Dès lors, comment oseraient-ils prêcher des Vertus qu'eux-mêmes ne pratiquent pas, lancés qu'ils sont dans une foire à jouissance effrénée ?

Oui, ils sont là quelque six mille pauvres hères déguenillés, qui vont et viennent à travers Albacete, brinquebalants d'ivresse, honnis et redoutés des Espagnols, accusés même — les pauvres innocents ! — d'être les auteurs des malheurs qui fondent sur la patrie.

Il serait pourtant bien facile de résoudre cette inquiétante situation, en reconduisant à la frontière cette masse turbulente, d'autant plus qu'il est fortement question, en ce moment, de licencier, tant du côté républicain que du côté nationaliste, les troupes étrangères.

Mais voilà une question par trop simpliste : elle n'est pas du goût du gouvernement Prieto qui tient à garder en Espagne les « mercenaires » de l'étranger. Il compte s'en servir, lors du règlement général avec le général Franco, comme « monnaie d'échange » tant il suppute à haut prix sa valeur de chair à mitraille !

Encore une fois, qui trompe-t-on en mettant en avant de pareils arguments ? Peut-on savoir ce qui se passe dans les coulisses, à travers les extravagantes combines des meneurs du jeu ?[1]

---

[1] En mettant au net ces notes, je me rends compte de l'odieuse « fumisterie » montée par le gouvernement de Valence. Au cours des désastres répétés et après la catastrophe finale des Rouges en Espagne, les seuls rapatriements opérés n'ont été que ceux de malades et de blessés…

ÉPURATION D'ALBACETE

Dans les cercles politiques extrémistes, on se berce, malgré toutes les apparences contraires, de l'espoir que tout n'est pas perdu. On convient que le thermomètre de la confiance a considérablement baissé chez les « camarades ». Mais on croit aussi que de mauvaises influences, intéressées à leur désagrégation morale, sont presque exclusivement la cause des défaillances enregistrées. De là à avoir la conviction qu'en faisant litière des errements passés, en usant envers les Volontaires de ménagements, on pourrait les reprendre en main, leur insuffler une confiance neuve, il n'y a qu'un pas. On tente cette épreuve sur des modes nouveaux... On va créer, à quarante kilomètres d'Albacete, sur les rives du rio Jucar, un camp de « redressement » en plein air. On dirigera sur le nouveau camp la troupe des « égarés » en y affectant des commissaires, triés sur le volet, qui prêcheront la bonne parole.

« C'est une idylle, et voilà tout ! » comme on chante dans le *Petit Duc*. Combien de temps durera-t-elle et qu'en adviendra-t-il ???...

On a donné comme adjoint, au colonel Below, un autre officier russe, Bolcheviste éprouvé. On l'a affublé du nom, bien peu slave, de Roblet. Un de plus, dont l'origine est « maquillée ». Ce Roblet, je le juge en cinq minutes, et mon jugement sera sans appel. Il n'est que vanité bouffie, orgueil outrecuidant, brutalité écœurante... Il critique, vitupère, sans la moindre aménité, ce en quoi il n'a pas tort. Et pourtant, en entendant Roblet distribuer réprobations et sarcasmes, blâmer, dénoncer, incriminer, accuser, je me défends mal contre une bizarre sensation. Les jugements de ce censeur pompeux et impitoyable sonnent faux et m'apparaissent bardés d'arrière-pensées malodorantes.

Ne s'avise-t-il pas de me déclarer, avec un sérieux imperturbable, que « l'intendant général des brigades » (c'est-à-dire, moi !) « doit présider *en personne* à l'habillement et à l'équipement des recrues » ?

Voilà certes une décision d'importance, digne de figurer en tête du fameux plan de « redressement » des unités internationales ! Est-ce avec des fantaisies de ce calibre que monsieur le Théoricien major Roblet compte remettre de l'ordre dans la « maison » ? Monsieur Roblet est un sinistre plaisantin !

Me voici de retour d'une « revue » à laquelle tous les chefs de service ont été invités à assister.

En fait de revue, on nous a offert la représentation d'une saynète de Courteline. Cette bonne blague est-elle involontaire ou manigancée par des sous-ordres, qui ont voulu mettre le colonel en mauvaise posture ? Je ne sais. En tout cas, c'est un inénarrable vaudeville : le commandant, préposé à l'équipement des « rescapés » en instance de cure régénératrice, a réparti les effets d'habillement, non pas au petit bonheur (ce qui n'aurait dénoté de sa part qu'ignorance professionnelle), mais très exactement au rebours de toute raison : les hommes « format réduit » nagent dans des pantalons et des tuniques d'éléphants. Les « grands formats » pètent dans des uniformes d'adolescents. On devine l'immense rigolade qui nous saisit. Je trouve, quant à moi, cette mascarade fort peu drôle, car je mesure l'imprudence qu'il y a à se moquer aussi somptueusement de gens exaspérés.

Le « petit vaudeville » met le cher Roblet dans une fureur noire. Il sort son revolver et le braque dans ma direction, puis l'abaisse, écume de rage, éructe une engueulade en russe, mâtinée de petit nègre, engueulade où je distingue, à travers le déluge oratoire, une brochette d'exclamations, telles que : « Trotskiste ! saboteur ! »

Comme je reste imperturbable, le colonel, furieux, me dépêche un interprète... de sa pensée et de ses ordres. « Dans l'armée soviétique — me fait-on savoir — l'intendant doit assister *personnellement* à la distribution de toutes les pièces composant l'uniforme militaire, depuis la chemise jusqu'aux jambières, en passant par les chaussettes, la capote, la tunique.

ÉPURATION D'ALBACETE

Qu'un type de mon genre en soit resté aux sales principes des armées capitalistes, et ignore cet article du règlement, c'est proprement inconcevable, mais il faut que *"cela cesse"*, sans quoi !... » Le geste accompagne la parole : le colonel met le doigt sur la gâchette de son revolver.

Devant mon impassibilité irrévérencieuse, sinon ironique, le colonel pivote sur lui-même et, blasphémant furieusement, s'éloigne à grandes enjambées. De quelles élucubrations va nous régaler ce fantoche, qui tient de Buffalo Bill par la silhouette, et, par la psychologie, d'un colonel d'Offenbach ?

Enfin, les « campeurs » sont habillés, ou à peu près. Cet effort accompli, on les abandonne à leurs pensées et à un doux farniente. Heureusement nous sommes en été et coucher à la belle étoile est autrement agréable que de croupir dans des casernements infects. Car, si l'on a bien décidé de créer un camp de rééducation, on n'a absolument rien fait — mais rien ! — pour le réaliser.

Monsieur le colonel Roblet lance impérativement à mon adresse : « L'intendant de la base est prié de se rendre d'extrême urgence à mon bureau. » Je bondis. Notre entretien est laconique à l'extrême. Roblet : « Je te donne quarante-huit heures pour établir et installer le camp pour huit mille hommes ! » Mieux vaut ne pas répondre à une telle mise en demeure, puisque je ne possède aucun baraquement (genre de construction inconnu en Espagne républicaine), puisque je n'ai ni un pied de châlit, ni une paillasse, ni le moindre matériel de cuistance, ni tables, et surtout pas le moindre cageot de boustifaille.

Tant pis !... Fonçons, le sourire aux lèvres ! Je sais qu'on m'attend au tournant, mais cette éventualité n'est pas pour me déplaire.

À quinze heures, je file à Valence avec une équipe de « costauds » en camions.

Tous les magasins de l'intendance, jusqu'aux plus modestes, reçoivent ma visite et... miracle ! je suis de retour à vingt-deux heures sur les rives du rio Jucar, avec les principaux « articles » de campement. Au cours de la semaine, je fignole les installations. Tout est fin prêt, pimpant, fleurant bon. Le camp du Jucar est un camp modèle... Mais voilà !... il n'est encore habité que par quelques âmes, qui dorment à même la terre en attendant que soient résolus les graves problèmes suivants :

1° Qui commandera le camp ?

2° Quels seront les commissaires politiques ?

On vient de fêter l'inauguration de « mon camp », inauguration qui comporte comme pièce de résistance le banquet traditionnel.

Festin à la mode balkanique : les trois quarts des convives étant « noirs » dès le premier service. Au dessert, dans un pêle-mêle fraternel : état-major, officiers, service de garde et « campeurs » roulent sous la table et ronflent en chœur.

Le voilà bien le grand nivellement par la base, la grande réconciliation dans l'ordure !

Le Comité directeur du camp, enfin nommé (gradés et contrôleurs politiques), prend une décision géniale : puisqu'on tente une « expérience », il faut la faire complète, « royale » si l'on peut appliquer ce mot honni à une tentative communiste. En conséquence, les bougres en instance de « rééducation » seront, par ordre, copieusement empiffrés... L'engraissement laïque et obligatoire à dose massive ! On ne saurait « faire petit » chez nos frères communistes.

Parallèlement, les « gars » seront abreuvés à discrétion, et même au-delà. Enfin, surprise véritable, les « campeurs » toucheront l'intégralité de leur solde : dix pesetas par jour ! « C'est fou ! » s'exclamera-t-on... Pas si fol qu'il apparaît : le Comité directeur est composé de « petits malins ». Les Volontaires du Jucar toucheront bien leurs dix pesetas quotidiennes, mais on leur cédera de bon pinard à raison de deux pesetas le seau. Et chacun pourra s'offrir autant de seaux qu'il voudra — ou pourra... — ingurgiter. C'est donc Bacchus qui présidera à la saine « rééducation » des « camarades » fatigués. Les méthodes communistes sont vraiment sans concurrence !

Quant à l'opération consistant à métamorphoser l'or international de la solde en pinard, mieux vaut n'en pas parler pour le moment. Certaines discrétions s'imposent parfois.

Si j'applaudis aux décisions *héroïques* prises par les dirigeants du camp, je fais observer qu'il existe un « trou » dans cette admirable organisation : on a oublié la cantine... C'est vrai, personne, en dehors de moi, n'y avait songé... Je reçois toute permission pour la monter. C'est donc par camions entiers que je fournis tout ce qui se peut imaginer en fait de liqueurs, apéritifs, champagnes et reconstituants, à faire pâlir de jalousie les barmen des plus grands palaces. Je défie d'offrir mieux et mieux sélectionné aux gosiers les plus fermement « dallés »... Une cure à « ma » cantine... est tout simplement supérieure à la meilleure !... Le « fin du fin » pour foutre à bas les plus costauds !...

La population d'Albacete ne s'y est pas trompée : elle a baptisé le camp du Jucar « le camp des Tordus »...

Au régime qu'on leur impose, les « rééduqués en herbe » tournent à l'état de chiffes. Cœur chaviré, tête brinquebalante, ils ne songent plus qu'à se « tirer des pieds » au plus vite. Favorisée par un réseau de complicités, la désertion s'installe en reine au camp.

Pourtant minime est la proportion de ceux qui parviennent, après mille encombres, à atteindre la côte. Les balles des sbires du S.I.M. stoppent pour toujours, le long des chemins qui descendent du Jucar, la très grande majorité des fuyards.

Trois ou quatre fois par jour pourtant, des orateurs « à gages » balancent sous le nez des « campeurs » indociles l'ostensoir de l'apaisement. Des hurlements de bêtes féroces couvrent leurs voix. Possédés d'une sorte de démon, parce qu'imbibés d'alcool, les malheureux pensionnaires de la « villa Jucar » se ruent, en combats singuliers, les uns contre les autres. Chaque jour, les eaux de la rivière emportent quelques cadavres, atrocement mutilés, tandis que, pour rétablir l'ordre, les gardes rouges abattent « au jugé » ceux qui se trouvent au bout de leurs fusils.

Quant à « ma » cantine, elle a poursuivi son honorable « petit commerce », jusqu'au jour où le camp a clos ses portes... faute de « campeurs »...

LA GESTION COMMUNISTE À LA BASE INTERNATIONALE

Au début de ce mois de juillet 1937, un télégramme urgent envoyé du Ministère de la Guerre à Valence, enjoint au colonel Below de fournir sans délai à la Direction intéressée du Ministère « un rapport circonstancié sur l'organisation et la gestion des brigades à la base d'Albacete, et ce depuis octobre 1936 ».

Entre autres documentations, le Ministère tient à connaître :
1° Le nombre des Internationaux entrés en Espagne.
2° Le chiffre des morts.
3° Le chiffre des blessés.
4° L'emploi et l'utilisation des fonds versés à la base. (Installations et aménagements, constructions neuves, frais d'hospitalisation, de convalescence, construction des centres de permissionnaires.)

Une torpille, tombant au beau milieu du bureau du colonel, n'aurait pas causé plus de dégâts que le télégramme ministériel. Politiques et militaires souffrent sur l'heure d'une jaunisse généralisée.

Mais la bombe une fois éclatée, et constatant qu'ils possèdent encore tous leurs membres, ces messieurs passent au crible les injonctions ministérielles :

« Quel est celui qui, après avoir surpris la signature du ministre, s'est permis d'envoyer le télégramme comminatoire aux Excellences Rouges ? Cet effronté demande des comptes ?... De quel droit ?... C'est de la démence ou bien cet individu est-il un infâme suppôt de la Réaction ?... Au reste, a-t-on jamais vu produire un bilan au cours d'un exercice ?... Ça se produit à la fin des opérations... ou après la victoire !... à l'heure du grand lessivage... lorsque sur toutes choses et sur tout le monde tomberont les cendres de l'oubli... Parbleu !... »

Telle est, *grosso modo*, la réaction spontanée de la majorité de l'état-major communiste. Elle pourrait avoir force de loi si elle recueillait l'unanimité. Mais il en est un, dans le tas, qui se refuse à l'enterrement de première classe en ce qui concerne les ordres de Valence... « Et s'il n'en reste qu'un, je serai celui-là ! », ricane le sacré farceur qui me ressemble étrangement et trouve plaisir à se promener dans tous les coins et recoins comme un éléphant dans un magasin de porcelaine... Ce trouble-fête ne serait-il pas celui qui aurait éveillé l'attention des bureaux de Valence ?... Il est probable que, sans sa stupide intervention, le Ministère n'aurait jamais songé à soulever le lièvre d'enquête... Ce « vilain méchant » n'a-t-il pas joué habilement des solides inimitiés que certains officiers de l'entourage immédiat du ministre Prieto nourrissaient contre les Soviets, pour mettre en branle l'appareil gouvernemental ?

Il a, en tout cas, fait du joli travail, mon sosie, énergumène de l'Honnêteté... Le lieutenant-colonel Below est complètement à plat... On lui demande un travail d'Hercule... qui consiste à se dépatouiller dans les « mares » d'un passé qu'il ignore, alors qu'il ne « pige que couic » aux services qu'il dirige présentement... Et c'est vers moi que Below tend ses mains suppliantes !... Je suis chargé, par délégation spéciale, d'aller prendre langue avec le Ministère à Valence, et de savoir vraiment « de quoi il retourne » dans cette « stupide histoire ».

Me voici donc à Valence, où, par l'entremise de l'ancien député aux Cortès Cabrera, avec lequel je suis en sympathie, je rencontre l'auteur de la dépêche ministérielle, colonel Alonso, chef de service au Sous-secrétariat. Ça colle tout de suite entre le colonel et moi. Il veut bien me dire qu'il a entendu parler de ma petite personne, et qu'on m'a représenté à lui comme un « homme à poigne ».

À la suite de notre entretien, ou plutôt de nos deux entretiens (le déjeuner ayant interrompu le premier), le colonel me charge

LA GESTION COMMUNISTE À LA BASE INTERNATIONALE

de lui préparer un rapport sur ce qu'il nomme crûment : *Les scandales de l'affaire internationale*... Il sait, de source sûre, que la plupart de ces scandales ont été étouffés *par ordre*. Il veut donc — le Ministre exige — que l'enquête soit reprise dès le début, à savoir depuis l'entrée des Internationaux en Espagne. J'écoute la mercuriale, et j'enregistre les ordres du colonel, en soldat discipliné que je suis... Intérieurement, je jubile !... Sous le couvert d'une décision ministérielle, je vais pouvoir excursionner, au gré de ma fantaisie, à travers les jardins les plus secrets de la IIIe Internationale, et rendre à chacun des ingénieux pépiniéristes les hommages auxquels il a respectivement droit...

De retour à Albacete, je rends compte de ma mission au colonel Below. Je lui dis les instructions impératives qui m'ont été données. Je ne lui cache pas qu'il ne faut pas prendre l'enquête « à la rigolade », que le gouvernement central veut absolument tout savoir, et qu'il entend épurer les unités internationales, considérées comme un foyer d'intrigues, où s'agite une tourbe de bien peu recommandables « individus », stipendiés par les « Puissances étrangères », en même temps qu'un foyer de « gabegies » immondes, dont le gouvernement républicain a fait seul jusqu'à présent tous les frais ! J'ajoute enfin que le colonel Alonso, parlant au nom du Ministre, m'a communiqué que le Gouvernement central étudiait actuellement un nouveau Statut des forces internationales, statut qui placerait ces formations sous le commandement supérieur et le contrôle direct des autorités républicaines. Le nouveau Statut entrerait en vigueur, aussitôt après que le gouvernement républicain aurait reçu et étudié les rapports des agents qu'il va désigner pour se rendre dans les divisions et brigades internationales.

Pour finir, j'adjure le colonel Below de ne pas mettre obstacle à l'enquête ordonnée par le Ministre, surtout en ce qui concerne la gestion financière des unités de Volontaires. Ni le colonel Below, ni moi, n'avons rien à redouter d'une descente dans le passé de « services » que nous ne dirigeons que depuis quelques jours.

Below est ébranlé, je m'en rends compte, par mon rapport verbal. Il se dit décidé à agir tout de suite afin de donner satisfaction au pouvoir central. Et, pour preuve de sa bonne volonté, il convoque d'urgence une réunion de l'état-major. Comité secret, dont je ne fais pas partie. Je n'ai, il est vrai, aucun titre pour y figurer. Seuls, les « purs » de la « Maison » sont priés d'y assister.

Mais je possède un « œil de Moscou » dans le cénacle, qui n'est, ni plus ni moins, que le secrétaire au Service des Cadres. Par lui, je reçois duplicata du procès-verbal de la réunion.

À l'ordre du jour : *Communication urgente*. C'est simple et discret... Dès l'ouverture, le colonel Below résume l'affaire, qui a motivé la mobilisation du conseil : les exigences du Ministère de Valence et la nomination d'une Commission d'enquête... Immédiatement, les diverses « tendances » s'affrontent. Le clan bulgare (celui de l'ancien commandant de la base) essaie de se dérober aux responsabilités qu'il a encourues avec le prédécesseur de Below... Le clan, toujours plus turbulents des Allemands anciens spartakistes, navigue entre les eaux bulgares (qui voudraient noyer les recherches concernant le passé) et les eaux françaises (qui en sont pour un lessivage au grand jour). Le clan soviétique enfin, qui travaille en sourdine et qui, du fond du cœur, en tient pour les Spartakistes, tout prêt qu'il est (entre deux maux ne faut-il pas choisir le moindre ?) à céder à la pression des mêmes Spartakistes, qui se remuent pour prendre le commandement des brigades internationales et entrer ainsi en opposition ouverte avec le gouvernement central républicain... À bout de dialectiques retorses, les membres du Conseil se trouvent néanmoins d'accord pour accepter officiellement la Commission d'enquête, tout en nourrissant l'espoir intime que cette brave Commission mourra avant que de naître.

Les Spartakistes me font, en conclusion de séance, le grandissime honneur de s'opposer énergiquement à ma nomination comme enquêteur. Sur ce terrain, ils reçoivent une tape imprévue : tout le monde, eux mis à part, étant d'avis de me proposer comme Président de la Commission... Sur ce, je suis nommé... sans acclamations.

Dès les premiers sondages que j'entreprends, avant même de poser des questions précises, avant de me faire apporter les documentations nécessaires, je réalise qu'il va me falloir jouer bougrement serré, si je veux vaincre. Conspiration du silence, chausse-trapes, obstacles en tous genres, tout ce qui peut arrêter mes investigations, s'accumulent sur mon chemin ! Eh bien ! adaptons-nous au « climat ». Souvenons-nous opportunément qu'on ne prend pas les mouches avec du vinaigre. Tout au contraire, offrons, à ceux que j'ai charge d'interroger et d'enquêter, les meilleures des « tartes à la crème ».

Je tiens donc à ces messieurs, qui foirent dans leur froc, le langage suivant : « Pourquoi vous mettre martel en tête, vous turlupiner au sujet de cette bougresse d'enquête ? Ne me connaissez-vous pas ?... Ne suis-je pas des « vôtres » ? Que redoutez-vous ?... Nous allons tout doucement laver notre linge en famille... Les découvertes « désagréables », s'il y en a, que nous pourrons faire, les choses qu'il sera malaisé ou impossible d'expliquer, en un mot tout ce qui pourrait causer quelque « chagrin » aux « camarades », nous en discuterons préventivement et amicalement en tout petit comité... Comme l'on peut faire dire aux chiffres tout ce qu'on veut... et même un peu plus, c'est strictement entre « copains » qu'on « arrangera » ce qu'il peut y avoir à « arranger »...

À ce discours, les mines se détendent... Les livres s'entr'ouvrent... Mais voilà que Valence s'impatiente. Cette impatience, avec quel amour je la cultive (par la bande !...). Le colonel Alonso lance une nouvelle communication urgente à l'adresse de l'état-major d'Albacete. Il réclame la présence auprès de lui du nouveau commandant de la base, le colonel Below, qu'il n'a pas encore rencontré. Il mande en même temps à son cabinet les commissaires politiques et les inspecteurs des Internationaux, responsables — insiste-t-il — devant les autorités espagnoles.

Émoi et remue-ménage à l'état-major, dès l'arrivée du nouveau télégramme de Valence... Que signifie et que cache l'insistance des services du gouvernement Prieto et pourquoi veulent-ils précipiter l'enquête ?... C'est ce que l'on se demande anxieusement... On décide de m'envoyer en éclaireur auprès du colonel Alonso, importun plus que jamais, et avec lequel, vu le contact que j'ai précédemment pris avec lui, je pourrai vraisemblablement composer, de manière à créer une ambiance bienveillante pour l'entrevue avec l'état-major d'Albacete, fixée au lendemain...

J'exécute ma mission. Officiellement, le colonel est fort réservé. Mais, de bouche à oreille, il me charge d'une « surprise » pour ces messieurs de l'état-major... Je rejoins au poste de commandement communiste de Valence les commissaires politiques, les inspecteurs venus de la base, ainsi que le colonel Below.

Je leur lâche dans les jambes la « surprise » d'Alonso... Les chefs de la base ont été convoqués pour s'entendre dire que le rapport de la Commission d'enquête doit être, sans aucune remise, prêt et soumis *sous quelques jours, pour prendre connaissance du nouveau Statut des Internationaux* !

Dalhem, hors de lui, hurle et vocifère. « À quel titre, ce foutriquet de colonel Alonso se permet-il de nous traiter avec ce sans-gêne ?... Qu'est-ce que le "señor Alonso", sinon l'âme damnée de Prieto, anticommuniste bien connu, ennemi juré du Parti ?... Nous n'accepterons jamais un Statut que nous n'aurons pas eu le temps d'étudier !... Nous refusons de rencontrer Alonso, avant d'avoir discuté de la question du Statut avec le Comité central espagnol du Parti. » Le visage de Dalhem et la pivoine sont sœurs en couleur. Les veines du cou gonflées à bloc, il tape furieusement sur la table... Mais, comme personne ne prend la parole, il faut pourtant conclure et trouver une attitude... Le colonel Below trouve la combine : il ira, seul, faire tout d'abord une visite protocolaire au colonel Alonso... Ainsi est-il fait. Below revient, la mine assez déconfite... Sans doute Alonso est-il disposé à envoyer une copie des Statuts à l'état-major d'Albacete. Mais... Below, me parlant seul à seul, ne me dissimule pas que la tournure prise par les événements le préoccupe, que la situation se complique, qu'il se trame de « drôles de choses » et que le clan des Spartakistes fait une inquiétante besogne... Dans quel but ? Pourquoi ? Contre qui ? Below ne démêle pas encore le fil conducteur du drame qui est sur nos têtes, mais il le pressent imminent.

Il est naturellement des points sur lesquels j'ai des lumières autrement précises que Below, en particulier sur tout ce qui vient du Ministère. Mais, par contre, n'ayant pu participer à la réunion du Comité central communiste espagnol, je n'ai pas été informé de la présence à Valence de certains personnages, qui ont assisté au Comité. Si j'avais su qu'ils se trouvaient à Valence, j'en aurais déduit de salutaires réflexions et j'aurais sans doute évité « l'accident » qui, quelques heures seulement après la séance du Comité devait me coucher sur un lit d'hôpital...

Après avoir pris congé de Below et des chefs de la base, je juge utile d'aller revoir le colonel Alonso. Introduit aussitôt dans le bureau du colonel, j'y trouve à ses côtés le député aux Cortès Cabrera. Le colonel demande ce qui s'est passé, au cours de la réunion des chefs de service de la base, à la suite de l'entrevue qu'il a eue avec Below. Je ne lui cache pas les réactions que ses « exigences » ont provoquées dans l'état-major, et lui narre en particulier la véhémente sortie de Dalhem au sujet du Statut.

En passant, je lui dis mes appréhensions quant aux sentiments que les Spartakistes nourrissent à mon égard. C'est sans doute — ajouté-je — parce que je mène le bon combat pour débarrasser l'Espagne et l'armée des Volontaires des aventuriers qui se cachent dans les unités rouges, que je ne suis pas en odeur de sainteté auprès de ces messieurs et de leur « clientèle ». Je m'attends donc à être l'objet de leur part de quelques « attentions » aussi personnelles que désagréables. Intentionnellement, je ne souffle mot au colonel Alonso de « l'incident » de Guadalajara.

À peine ai-je terminé, que le colonel décroche le récepteur du téléphone. Il demande le chef de la Sûreté et le prie d'envoyer sur-le-champ deux inspecteurs à son bureau.

Sur son ordre, les deux policiers doivent prendre soin de ma délicate personne durant mon séjour à Valence, où je ne dois pas demeurer longtemps, n'ayant à discuter que de questions de ravitaillement avec l'Intendant général des forces républicaines.

Mes « anges gardiens » arrivent au bureau du colonel Alonso à 11 heures. Ordre leur est donné de me retrouver à 18 heures, heure crépusculaire, et de me prendre alors en filature pas à pas... Les entreprises de tire-laine, coupe-jarrets, mitrailleurs ou simples... dynamiteurs ont besoin des ombres propices de la nuit pour opérer. Les nuits de Valence sont peuplées de fusillades ; des balles perdues viennent s'écraser, on ne sait trop comment, contre les murs... et parfois sur les imprudents qui se risquent étourdiment sur les chaussées.

À midi, heure à laquelle commence la Corrida de Toros, je quitte le député Cabrera, avec lequel je suis sorti du Ministère. Je monte en voiture et donne ordre à mon chauffeur de gagner un restaurant du port... Sur les bords de la rivière, à peu près asséchée, qui sépare le centre de Valence de ses faubourgs, stationne un camion. J'ai le temps de me rendre compte qu'il est rempli d'Internationaux qui sont loin de m'être inconnus... Le temps que mon auto s'engage sur le pont qui conduit au quartier du port, le camion, tel un bolide, fonce sur ma voiture, la réduit en miettes... et, dans un vrombissement de tonnerre, disparaît !

Des soldats, qui passaient, me relèvent et me transportent en hâte à l'hôpital : plusieurs côtes cassées, le poumon perforé, tel est pour moi le passif de l'aventure.

L'enquête, menée dare-dare, relève que le camion chargé d'Internationaux, et auteur de l'« accident » a pris la fuite on ne

LA GESTION COMMUNISTE À LA BASE INTERNATIONALE

sait au juste dans quelle direction. Or le chauffeur suisse, qui me conduisait, a, lui aussi, « joué la fille de l'air » sans qu'on ait pu se rendre compte où il courait se mettre hors de cause... Mais, devant ces maigres constatations, trébuche l'enquête policière. Toutes les recherches pour retrouver la trace des exécutants, de même que le chauffeur helvétique, complice certain de l'attentat, demeurent vaines... La police plonge dans le néant.

L'« avertissement » brutal qui vient de m'être donné m'incite désormais à la plus extrême prudence...

Pour ce qui est du présent immédiat, la conclusion est que, durant quelque temps, je ne pourrai contempler le visage de l'Espagne en fleurs. Me voici condamné au « plumard » obligatoire dans une chambre d'hôpital où, sur les ordres du colonel Alonso, veillent à mon chevet, nuit et jour, les agents de la « Securidad ».

Les nouvelles que je reçois d'un de mes meilleurs « sympathisants » me renseignent sur les suites que mon « accident » a provoquées dans les sphères rouges. On paraît étonné, dans ces milieux, de la « protection » dont le Ministère espagnol m'entoure, mais on interprète (fort heureusement) cette « protection » dans un sens tout opposé à celui que je redoutais, puisque mes bons amis rouges répandent le bruit que je « suis gardé à vue, et par la Haute Police d'État ! »... Je me garderai bien de faire contredire cette « interprétation » qui peut grandement m'aider à brouiller les cartes et les pistes de mes ennemis intimes.

Contrairement à mes suppositions, qui me faisaient pressentir une « coupure » entre les manitous communistes et moi, les chefs susnommés viennent me rendre visite... Ils hochent la tête d'un air lugubre, qui en dit long sur mon état... Mais ne suis-je pas un homme « à miracles » ? Effectivement, je me retape en vitesse encore plus rapidement quand j'apprends qu'on me réclame à Albacete, où « ça va bigrement mal » me dit-on.

Une kyrielle de bas officiers, essaim demeuré jusqu'alors dans l'ombre, et se croyant à tout jamais débarrassée de la « bête noire » que je suis pour elle, reprend le cours interrompu de ses coupables industries passées, avec accompagnement de « noubas », célébrées sans doute en l'honneur de mon indisponibilité.

Durant mon absence forcée, la Commission d'enquête a fonctionné. Les premiers contrôles opérés ont révélé des faits d'une telle gravité que, d'accord unanime, on décide de clore, coûte que coûte, la « prospection » dans les services avant mon retour, et de barrer la route à d'ultérieures introspections. C'est pourquoi je précipite mon arrivée à Albacete... J'y parviens cependant trop tard... la Commission a déjà transmis son rapport à l'état-major.

J'encaisse, sans un tressaillement. Avec une lassitude affectée, je déclare que « ma santé, encore fort chancelante, ne me permet pas de m'intéresser, pour un temps, et comme je le désirerais — et plus encore comme ils le méritent — aux rapports et conclusions auxquels est arrivée la commission »... C'est sous ce « manteau diplomatique » que je m'abrite provisoirement, tenant à tout prix à donner le change et à « semer » mes très chers adversaires... Mais, ce que ces « aminches » ne savent pas, c'est que j'ai entre les mains la copie de leurs rapports et que je connais tous les noms, sans exception, du Grand et Unique Parti, qui se sont rendus coupables de « truquages », et de « malversations » connexes dans l'administration de la base internationale.

Donc, la Commission d'enquête, dès mon arrivée, me remet son rapport par le canal officiel de l'un de ses membres. Officiellement, de même, je le transmets tel quel à Valence... En sous-main, je fais tenir, à l'attention personnelle du colonel Alonso, un « appendice » et des « commentaires » audit rapport, signés de ma main... Riposte en coup de fouet : le Ministère de la Guerre, très mécontent du rapport « officiel de la Commission » envoie télégrammes sur télégrammes, demande des précisions, insiste sur l'urgence des réponses...

C'est alors que me parvient une « indication » de choix : la citoyenne Grillet, trésorière de la base de par la grâce de son Omnipotence Marty, s'apprête à quitter incessamment l'Espagne. Le « légitime » de la dame en question est lui-même trésorier à la 4ᵉ brigade... Or, notre ami Grillet a secrètement aidé la Commission, moi absent, à établir une nouvelle comptabilité, qui ne ressemble pas plus à l'ancienne, dangereusement exacte, qu'une carpe à un lapin... Grillet est parti pour Valence, où il se démène comme un damné afin de se ménager des intelligences et surtout afin de renseigner ses complices d'Albacete, dont la couardise s'accroît à l'approche de « l'heure H » où il faudra s'expliquer sur les écritures comptables.

Catastrophe : la comptabilité camouflée, bâtie dans une ambiance de panique, et donc « à la diable », ne résiste même pas aux contrôles liminaires... Les « reports » ne concordent pas de page à page. Pour certaines dépenses, qui s'élèvent à plusieurs millions par semaine, il n'existe pour ainsi dire aucune pièce justificative : l'ingéniosité postdatée des « truqueurs » n'est pas parvenue à « ventiler » rationnellement ces dépenses, quoiqu'ils n'aient pas poussé leur imprudence jusqu'à fabriquer de fausses pièces « à l'appui ». Je dis crûment ma pensée au colonel Below : en couvrant de sa passivité et de son silence la comptabilité fantoche et falsifiée qu'on remet au Ministère, il assume personnellement des responsabilités accablantes. À mon avis, le colonel doit immédiatement faire comparaître devant lui les conjoints Grillet. Chacun dans son « rayon », le mari et la femme ont été investis de la confiance du Parti. Ils doivent, pour le moins, fournir au colonel, nouvellement promu à la Direction de la base, tous apaisements et justifications sur leur propre gestion. L'honneur du colonel, sa loyauté jusqu'alors reconnue et indiscutée sont en jeu.

Below n'est pas un « as », c'est certain. C'est un homme tout d'une pièce qui répugne, sans aucun doute, à certaines compromissions. Aussi, Grillet et son épouse sont-ils tous deux appréhendés à Valence.

De Barcelone à Murcie, de Murcie à Madrid, la nouvelle de l'arrestation des deux personnages se répand comme une traînée de poudre, et suscite, comme on disait en style parlementaire, des « mouvements divers ».

Alors, comme si l'on n'attendait qu'une occasion pour ouvrir, à plein, les « vannes du silence », des murmures d'abord, des allusions précises ensuite, des imprécations torrentielles enfin, montent de toutes parts : la gestion des unités internationales, du temps où le couple Marty commandait dictatorialement, révèle des scandales à la chaîne. Le déficit dans les caisses serait d'un nombre fort coquet de millions de francs !

De pareilles révélations réagissent différemment sur les hauts bonnets du Parti. Les « purs » (il y en a dans le tas) éprouvent un sentiment d'écœurement... Mais ils n'ont même pas le loisir de l'exprimer, car, sur un mot d'ordre occulte, venu d'assez « haut » pour être un impératif indiscutable, une rafale de démentis s'abat qui stigmatise cruellement les « abominables accusations », proférées à l'adresse de Marty, et les « voue au mépris écrasant des Internationaux ». Et c'est la contre-attaque. De furieuses vagues d'assaut sont lancées contre les « ignobles traîtres » qui se sont permis de suspecter le « Grand Mogol du Parti », de toucher à « Sa Divinité ».

Les commissaires politiques se répandent en d'innombrables meetings, gueulent à qui mieux mieux. Ils dénoncent aux Volontaires les machinations tortueuses, infernales, nauséabondes, dont leurs chefs sont l'objet, et qui ne peuvent être que l'œuvre d'une « cinquième colonne » soudoyée par le Capitalisme bourgeois aux abois »... Il est faux qu'il y ait eu détournements dans les caisses de l'armée internationale. Il est possible que des contrôleurs, suspects à plus d'un titre, aient relevé des « inscriptions comptables » mal faites, erreurs bénignes et excusables de la part de « camarades » presque tous néophytes en matière d'administration militaire... Il est possible que des « écritures » aient été passées par inadvertance, ou ignorance, à certains comptes qui ne comportaient pas de telles passations.

Tout cela n'est que vétilles. Rien, absolument rien, moins que rien, ne peut être relevé contre des gestionnaires internationaux, susceptible d'entacher leur scrupuleuse honnêteté... Ils sont, aujourd'hui, comme hier, et comme ils seront demain, au-dessus de tout soupçon !

LA GESTION COMMUNISTE À LA BASE INTERNATIONALE

Telle est la substance des appels et recommandations que les commissaires tonitruent aux quatre coins des camps, casernes et dépôts internationaux. Et cependant, malgré le grandiloquent appareil déployé, malgré les harangues vengeresses, malgré la propagande incessante, les rues d'Albacete murmurent des mêmes paroles : « Marty a volé les Soldats de la Liberté !!! »

De la base, les clameurs indignées gagnent les cités de la côte, qui hébergent les formations internationales. « Marty est un salaud ! Et la mouquère Marty, une immonde putain qui a barboté notre galette pour entretenir ses gigolos ! » Tel est le moral des Internationaux.

Bien qu'elle soit informée de l'état d'esprit qui règne à l'égard de son mari et d'elle-même, Pauline, épouse Marty, poursuit à Valence le cours de ses scandaleux ébats, sans se soucier, plus que poisson d'une pomme, du discrédit qui pèse sur elle, et du malheur qui menace de submerger son conjoint.

Il paraît inévitable que, sur tant d'esclandres, la justice immanente s'appesantisse enfin. Mais, juste à ce moment (il est toujours pour nos « gens » des indulgences plénières), se prépare une grande offensive dans la région de Belchite. Voici une diversion inespérée, qui s'offre au service de la propagande communiste, afin de détourner l'orage prêt à éclater sur la tête des « camarades » prévaricateurs. Les grosses caisses, les cymbales, toutes les batteries réunies des orchestres rouges tonnent, tandis que, pathétiques, les aboyeurs patentés appellent les Volontaires à l'union sacrée devant l'ennemi. Les scandales Marty, Grillet et consorts passent au second plan de l'actualité. Mais nous n'avons pas, quant à nous, l'intention de les ensevelir dans une fosse tombale. Ce que nous en savons doit être dit publiquement.

De ces malversations, l'enquête liminaire a révélé l'aspect colossal. À tous les étages du commandement international, tous ceux qui tenaient, de par la grâce d'en haut, quelque atome du pouvoir, ont tiré leur « coulpe » personnelle, à l'instar du Grand Chef Marty. Dans son sillage, ils ont été à plus ou moins haute échelle des dilapidateurs.

LA LÉGION TRICOLORE EN ESPAGNE

On ne saura jamais assez le répéter : c'est par centaines de millions que les fonds drainés dans les masses prolétariennes ont afflué dans les caisses des Rouges, exclusivement destinées « soi-disant » à soutenir le malheureux peuple espagnol dans sa lutte titanesque contre le Fascisme. Représentée en France par la Section du Parti, l'Internationale communiste avait fait feu de toutes pièces pour récolter l'argent des « gogos » prolétaires.

Or, si l'on fait exception de quelques achats destinés à maquiller les véritables opérations occultes, les trois quarts des oboles recueillies ont été interceptés et stoppés à Paris, à la Centrale de la rue La Fayette. Il y a mieux : d'innombrables dons en nature ont été adressés à la malheureuse Espagne et aux Volontaires.

Des dons — chose incroyable — ont été *vendus* à ces mêmes Volontaires par les organismes directeurs de Paris, à des prix défiant toute concurrence !

Une des plus magnifiques « combines » du genre a été celle du tabac. Coté, en France, au cours de un franc cinquante, prix fixé pour la peseta, l'extrait d'herbe à Nicot a été revendu aux Volontaires à des taux astronomiques, puisqu'il a atteint jusqu'à cinquante et même cent pesetas l'unité. Empilé dans les « valises » des chambellans rouges, le « bon tabac » des Volontaires est venu grossir formidablement la « masse de bataille » de la IIIe Internationale.

Et ce n'est pas tout : le cours libre de la peseta était alors (1er semestre 1937) d'environ 0 fr. 70. L'opération du « *cambio* » se révélait en conséquence aussi une opération vertigineuse. Ceux qui l'ont pratiquée en ont touché (sans jeu de mots) les vertus, prolifiques à la manière de « la Mère Gigogne ».

Continuons notre promenade si instructive : lorsque, en 1936, les Internationaux sont arrivés en Espagne, on n'a pas jugé utile d'établir un contrôle nominatif des Volontaires. Le gouvernement Largo Caballero, plus ou moins inféodé à ses copains communistes, s'est désintéressé de cette simple mais nécessaire mesure administrative, considérée par lui comme d'importance dérisoire. Ainsi les gros bonnets du Parti ont pu vivement exploiter cette singulière « omission ». Elle leur a permis de détourner à leur profit une avalanche de bénéfices inavouables, et jamais avoués. L'état-major d'Albacete s'est « spécialisé » dans l'établissement de fausses listes de Volontaires. Chaque « Soldat de la Liberté » s'est vu affubler d'un double, d'un triple, parfois d'un quadruple sosie sur les contrôles — quels contrôles ! — de l'armée internationale.

Va-t-on s'arrêter en si bon chemin ?... Ce serait mal connaître l'ingéniosité des « camarades »... Un Volontaire meurt-il, ou est-il porté disparu ?... S'il est rayé de l'effectif, il n'en continuera pas moins à figurer sur les bordereaux de solde, et *théoriquement* à toucher ses indemnités, comme s'il était encore en vie !

Après les morts et disparus, qui, s'ils ne parlent plus, émargent toujours, voici les malades. Les uns après les autres, à peu près tous les Volontaires deviennent — *théoriquement* — toujours indisponibles : blessés, hospitalisés, convalescents. Ils touchent (façon de parler) leur solde, sont en outre gratifiés de frais de traitement hospitalier, sont l'objet de soins spéciaux qui coûtent fort cher. Si *pratiquement* lesdites allocations leur passent sous le nez, elles ne passent pas sous le nez des gestionnaires qui, eux, savent la valeur de l'argent et se reconnaissent magistralement dans le labyrinthe des états administratifs. Voilà, parmi tant d'autres, quelques spécimens des fructueuses opérations, auxquelles se sont livrés les chefs comptables internationaux.

Mais, de même que les meilleures choses ont une fin, la « grande pénitence » des ravageurs organisés arrivait à pas de géant. L'alerte donnée par la « Légion Tricolore » venait toucher les services du S.I.M. international, et tout aussitôt les agents de ce service se mettaient à l'œuvre, afin de dépister les coupables, confondre les criminels et les faussaires.

Des arrestations sont opérées, mais elles atteignent naturellement les « comparses », pauvres types gangrenés par leurs chefs. Pris dans les rets de la justice, ils dénoncent ceux dont ils n'ont été que de pâles seconds et de bien piètres imitateurs.

Nous appuyons, mes « amis » et moi, sur la chanterelle. Sans nous arrêter à quelque considération que ce soit, nous livrons aux foudres du bras séculier les noms des « entrepreneurs » de scandales. Entre deux pots aux roses découverts, nous glissons, avec arguments à l'appui, quelques courtes et solides appréciations sur l'incapacité et l'incompétence innées des commandants d'unités rouges.

Je n'ignore pas que le jeu que je mène est dangereux. Si je trouve à droite des oreilles complaisantes, à gauche je suis considéré comme suspect, sinon nuisible, et cela d'autant plus que, si l'attentat monté contre moi a échoué, je suis — tel le Phénix — un mort, qui renaît de ses cendres !

Ma curiosité se promène, insatiable... Ne s'en va-t-elle pas jusqu'à enquêter dans la gestion des « têtes couronnées » des brigades ? En conséquence de mes « excursions », nombre d'oreilles sont fendues, des généraux limogés, des commissaires politiques discrédités.

Le Ministère d'État républicain relève de leurs fonctions certains de ceux qui se targuaient de représenter auprès de lui le « dessus du panier » de l'armée prolétarienne. Par wagons complets, on reconduit à la frontière les « prébendiers », qui ont édifié des fortunes sur les Volontaires. C'est un cancer dévorant qui ronge les brigades... En bonne et saine justice, tout cela est fort bien, parce que je suis personnellement inattaquable. Mais toute médaille a son revers : si je suis parvenu à être une « force » dans l'armée internationale, où je me suis concilié de solides amitiés, il n'en demeure pas moins que je me suis attiré des inimitiés coriaces...

DRAMES

Minuit... Le téléphone crisse, m'arrachant à des rêves tranquilles, et à un sommeil indispensable. Je suis encore bien mal en point et c'est par un effort de volonté, les nerfs bandés, que je tiens sur mes jambes... Les journées sont pour moi une épreuve d'endurance.

Qui peut me demander à pareille heure ?... L'appel vient de l'état-major... Une réunion, décidée d'extrême urgence, doit se tenir dans le bureau du commandant de la base... Il est absolument indispensable que je sois présent... On me communique qu'il est inutile que je fasse des frais de toilette. Que je vienne en costume de nuit, cela n'a aucune importance, mais il faut que je vienne, et vite ! J'enfile une capote... et cours à l'état-major... On m'introduit, non dans le bureau directorial, mais dans une salle, où les chefs achèvent un souper plantureux, dont témoignent les visages congestionnés des assistants... On m'attendait. À peine ai-je entr'ouvert la porte que toute l'assemblée se lève, d'une seule pièce, comme mue par un soudain déclic. En une seconde, je fais un tour d'horizon, et inventorie tous et chacun ; rien que des faces de conspirateurs, assez mal à l'aise.

Très calmement, je m'enquiers auprès du commissaire politique Lampe, placé le plus près de moi, des raisons qui motivent ce concile nocturne si urgent.

— Ça va mal... très mal, me répond laconiquement Lampe.

En file indienne, nous passons immédiatement dans le bureau du commandant, promu au rang de salle de conseil secret... D'autres éminences rouges, qui n'ont pas assisté au souper, s'y trouvent déjà... Elles me toisent de toute leur hauteur... Brr !... Je distingue, parmi « l'aimable société », le spartakiste major Dalhem ; le colonel Roblet, Bulgare bon teint, l'homme au revolver, une vieille connaissance ; le capitaine Faïhn, chef de la Tchéka... Quelle pièce va-t-on jouer ici ?... dont je suis certainement une des vedettes, sinon la première... Je n'attends pas longtemps pour être instruit...

Dalhem m'interpelle, mi-rieur, mi-provocant :

— Alors, tu n'es pas encore pendu ?...

— Mon cher, répliqué-je avec un calme parfait, en martelant lentement mes mots, ta tête se balancera sans doute en haut de la potence avant que la mienne y soit accrochée. Car c'est sur mesure qu'il faudra me confectionner une cravate... Pour toi, celle de tout le monde suffira !

Dalhem grimace hideusement, mais reste coi.

Faïhn, chef tchékiste, me prend à part dans un coin du bureau : en un français de vache espagnole, il m'explique que la réunion nocturne, qui nous assemble en cette heure, a été décidée parce qu'il fallait procéder d'urgence à d'immédiates transformations au camp Luckas, où nous devons nous rendre sans tarder.

— Bon, lui dis-je, le temps de prévenir mon chauffeur, je suis à vous.

L'appel de ces messieurs, qui m'avait surpris au lit, ne m'avait pas laissé le temps de me mettre en tenue, et surtout de m'armer. La promenade à laquelle on me conviait, fleurait, je le pressentais, une drôle d'odeur, et c'est pourquoi j'entendais prendre quelques précautions en vue de cette inspection nocturne, où je serais flanqué, et du chef de la Tchéka, et d'un zigoto qui, il y avait quelques jours seulement, m'avait menacé de son « rigolo »... Je croyais pourtant que « l'aimable compagnie », alors réunie dans le bureau du commandant, inspecterait en corps avec moi le camp Luckas... Je nageais dans les marais fangeux de l'erreur.

À peine suis-je de retour à l'état-major, après une très brève apparition à mon domicile et une halte encore plus courte à mon garage, que le colonel Roblet, qui m'attend devant la porte du commandement, me fait signe de lui céder ma place aux côtés de mon chauffeur. Le spider m'est réservé, de concert avec le capitaine Faïhn. Des autres « invités » du commandant de la base, il n'est pas question.

Nous roulons à vive allure dans la direction du camp Luckas... quand, à un carrefour, et à ma stupéfaction, nous abandonnons la route de Luckas pour prendre celle du camp Pozo Rubio, où est installée l'école des élèves-officiers...

— Nous faisons un « petit détour » pour voir si tout se passe bien là-bas, me glisse à l'oreille l'exquis capitaine Faïhn.

Le « petit détour » met mes sens en éveil...

Arrivée sur la place d'armes. Tout le monde descend, sauf mon chauffeur qui, d'ordre du colonel, restera au volant de la voiture. En route, *pedibus*... Curieuse promenade que la nôtre à Pozo Rubio !... Vient-on chercher ici des documents utiles à l'inspection du camp Luckas ? Ou quoi ?... Avec des compagnons tels que Roblet et Faïhn, toutes les suppositions sont permises, et toutes les éventualités à redouter, toutes les surprises possibles...

Nous traversons, sans nous y arrêter, un baraquement... À la porte opposée, une sentinelle, à côté d'une mitrailleuse, en position sur un trépied... Sur une table, à portée de la main, des cartouches en vrac... Diable, ça se corse !...

Geste par geste, pas à pas, je suis les mouvements de mes « collègues ». Mais ce qu'ils peuvent voir sur mon visage exprime la plus absolue sérénité, car les deux « copains » ne se doutent pas que je les repère seconde par seconde, que je les sens « souffle par souffle »...

Le colonel Roblet s'installe tranquillement derrière la mitrailleuse et se met en position de tir... Avec la même tranquillité apparente, il pointe le canon de l'arme dans ma direction. D'un bond express, je m'écarte de la ligne de tir...

— On dirait que tu as peur ? sourit démoniaquement Roblet.

— Peur ! répliqué-je, la peur, ça ne me connaît pas, mais un « accident » est vite arrivé... une balle peut être restée dans la mitrailleuse... une maladresse déclencher le mécanisme... et boum ! je reçois la décharge dans les tripes !... Très peu pour moi ! la vie est trop belle !...

Roblet abandonne le « joujou »... Mes yeux de lynx suivent ses moindres réflexes. Je le vois rafler, sur la table placée à côté de la jolie Maxim, quatre cartouches Mauser, qu'il enfouit dans la poche de sa vareuse... Roblet est un homme à précautions !

Nous quittons le baraquement « à la mitrailleuse »... Nous en traversons deux autres... Nous inspectons, pardi !... Nous voici arrivés à l'extrémité du camp ; à quelques mètres des barbelés, qui le ceinturent... et à la porte d'un dortoir. D'enragés beloteurs, tout à leur partie, ne nous accordent même pas un regard... Au râtelier d'armes, l'ami Roblet décroche trois Mausers... Un pour le tchékiste, un pour moi... Le troisième naturellement échoit au distributeur Roblet... D'un ton plus que bizarre, le colonel me prie de le suivre... Nous nous engageons sous les sapins... Nuit partout... Je marche à l'arrière-garde, derrière Roblet et Faïhn... Cette fois, les voiles sont tombés... Dans quelques minutes au maximum, ma peau va être mise en loterie...

On marche encore, le long des barbelés... J'ai négligemment mis mon fusil à la bretelle sur l'épaule, et, sous un sapin, j'arme la mitraillette que mon chauffeur m'a passée... Le doigt sur la gâchette dans la poche de ma vareuse, j'attends la seconde « H »... Encore et encore du footing... Nous parvenons à l'orée d'une clairière, inondée de lune... À nous, la lumière !... Mes deux compagnons s'arrêtent... À leur exemple, je stoppe, un peu en deçà de ces messieurs...

— Tu viens ? crie brusquement le colonel, et en même temps, il abaisse le canon de son fusil dans la direction de ma poitrine... Avant qu'il ait achevé son geste, je suis sur lui et sur le sbire de la Tchéka... Les deux sales bougres aperçoivent ma main, enfoncée dans la poche de ma tunique, et la mitraillette qui pointe son museau. Ils réalisent qu'au moindre réflexe de leur part, j'appuierai sur la gâchette, et que je me mettrai à leur place pour effectuer la petite opération de « nettoyage » qu'ils méditaient de me faire subir...

La main me démange... Je me retiens pourtant... Si j'étais hors du camp, je ne serais pas habité de tels scrupules ; et le socialo-bulgare Roblet, ainsi que l'ex-agitateur croate Faïhn auraient déjà comparu devant le Grand Juge... Minute inouïe... Nous sommes face à face, presque haleine contre haleine. Pas un mot ne sort de nos bouches crispées... Brusquement, avec un calme péniblement simulé, Roblet rompt l'écrasant silence :

— Nous n'irons pas, ce soir, au camp Luckas ! prononce-t-il. Nous remettrons cette visite à demain !

Trois heures du matin. Laissant là les deux sacripants en tête à tête avec leurs méditations et leurs regrets, je prends congé... Mon auto, franchissant l'enceinte du camp, me ramène à Albacete.

Sous le coup d'une effroyable réaction, parcouru de sueurs froides tout le long du corps, étreint d'une angoisse nerveuse, que je ne parviens pas à maîtriser, je regagne en titubant mon lit.

J'ai, ces jours derniers, trop présumé de mes forces. Je touche à la limite de la résistance humaine...

Le lendemain matin, en voulant me mettre au travail, je m'écroule comme une masse au pied de mon bureau... Mes côtes, mal ressoudées, se brisent à nouveau. La blessure du poumon se rouvre... C'est en piteux état qu'on m'emporte à l'hôpital.

Mon indisponibilité forcée est — m'en informe-t-on — vivement ressentie dans mon entourage et chez mes « amis ». Ceux-ci se demandent avec anxiété combien de temps je vais rester cloué sur un lit de douleur. Aussi néfaste que soit pour notre « Légion » l'accident dont j'ai été victime, il faut « lâcher du câble » provisoirement, et savoir attendre des jours meilleurs.

Je reçois, en même temps, des nouvelles de l'affaire de Belchite, grande « machine » offensive, dont les Rouges espéraient beaucoup... Les communiqués républicano-internationaux en font un succès du côté rouge… En acceptant cette interprétation de la bataille, il faut convenir que le succès en question a été acheté au plus haut prix : la division communiste commandée par le général Kleber a été en grande partie détruite. Devant les lignes franquistes, de nombreux tanks ont fait explosion.

Il m'est rapporté (et je crois à la véracité du rapport) que dans les bureaux de l'état-major, à la suite du combat, il y a eu des « engueulades ». Ces messieurs politiques se seraient même un peu battus en famille.

Au reste, ma position d'« indisponible » me rend malaisée une saine et juste appréciation des événements qui viennent de se dérouler, tant sur le plan général que sur le plan de notre « Légion »… Je me console, en me disant que, parfois, il est bon de se replier sur soi-même…

Le major vient de me rendre visite. Voilà deux longues semaines que je garde le lit, et le docteur ne me cèle pas que j'ai besoin d'un long repos. Quelle poisse !… Encore dois-je m'estimer heureux d'être en vie !… Impossible de faire quoi que ce soit d'utile… Non que je manque de soins… : je suis hyperdorloté. L'affection des « camarades » qui se relaient à mon chevet se fait exigeante et débordante… Seulement, ce qui me chiffonne et me fait douter de la pureté de leurs attentions, c'est qu'ils épient mes moindres conversations, même les plus banales, qu'ils filtrent ceux qui demandent à me voir…

J'ai fait fi des conseils du médecin, et, avec la complicité des infirmiers, quatre jours après la dernière consultation, j'ai dit adieu à l'hôpital…

Je me fais conduire directement à l'état-major.

— Oh ! la bonne surprise, chantent en chœur les « camarades ».

Je tombe en plein brouhaha. La cause ?... l'organisation d'un grand banquet en l'honneur du citoyen de Brouckère, président en exercice de la IIe Internationale[1].

De Brouckère arrive en Espagne, en même temps que son collègue socialiste Julius Dutch, ancien préfet de police de Vienne.

« C'est à se taper le derrière par terre », comme chante Dorin ! Comment ! On accroche girandoles et lampions, on mobilise le ban et l'arrière-ban de l'état-major communiste, pour recevoir princièrement deux Excellences socialistes, quand, il y a à peine quelques mois, le Parti moscoutaire vomissait des torrents d'injures, saupoudrés de mépris, sur les « traîtres socialistes ».

« Hypocrisie bolchevique », direz-vous. Entendu ! Mais, il est patent que les émanations de Moscou se mettent en frais pour traiter magnifiquement leurs ennemis d'hier. Il y a donc de sérieuses raisons à un pareil comportement... et des raisons que le vulgaire ne saisit point... Elles sont pourtant d'une limpidité cristalline, ces « raisons »... Il s'agit tout bêtement de « taper » la chère Internationale de quelques millions d'argent frais...

J'avais pris la décision de réserver ma première sortie à mes « amis » légionnaires. La réunion projetée doit être reportée à une date ultérieure, car je suis convié au festin de Brouckère. Il serait impolitique de ma part de me dérober à cette courtoise invitation.

C'est un banquet à l'image de tant d'autres. Autour d'une table, des gens qui échangent des banalités, se sourient diplomatiquement, du bout des lèvres, se drapent dans une dignité « en cotonnade à vingt-neuf sous le mètre », de crainte de découvrir un peu d'eux-mêmes... Pas l'ombre de cordialité... Pas un souffle de franchise... Chacun s'évertue à dissimuler au voisin ses véritables pensées...

---

[1] Louis de Brouckère présida l'Internationale ouvrière socialiste de 1936 à 1939. (NDÉ)

Je m'ennuie à mourir, et j'enrage. De Brouckère lui-même, m'apparaît flou... Je m'en veux d'avoir faussé compagnie à mes « amis » pour assister à ce gueuleton-pantalonnade... À la fin du repas, j'apprends qu'un bataillon anglo-américain va monter en ligne... C'est le « bouquet » qu'on a réservé aux deux nobles invités... En effet, les chefs politiques ont demandé au Grand Maître de la IIe Internationale de venir saluer les Volontaires anglo-saxons avant leur départ.

Ces jeunes recrues sont en vérité magnifiques à contempler. Leur matériel, flambant neuf, est impressionnant en quantité et en qualité.

De Brouckère boit du lait. Il déguste les prévenances dont on l'entoure, se prête, nonchalant et ravi, aux marques de condescendance dont on le gratifie. Quant à Julius Dutch, il a pris l'attitude d'un foudre de guerre. Arborant (à quel titre, bon Dieu ?) les insignes de général, il vaticine au compte-gouttes sur la technique militaire, dont il ne sait pas le premier verset. Il n'a plus aucune souvenance des événements à la suite desquels il a été bouté hors de son fief viennois et des causes qui ont motivé ce débarquement, un tantinet brutal. Toutes ces histoires plongent dans un passé sur lequel Dutch étend volontairement le voile de l'oubli. La politique est « l'art des arts »... des arts mineurs s'entend...

— Un peu d'air te fera grand bien, me glisse à l'oreille un des convives les plus titrés.

Je n'écris pas aujourd'hui son nom, car avec celui-là j'ai encore un compte à régler. Qu'il patiente ! Je jure qu'il ne perdra rien pour attendre l'heure de sa « confrontation » avec moi, heure qu'il a lui-même appelée... Tout bas, il ajoute :

— Accompagne-nous à Tarragona ; nous ne faisons qu'y aller et revenir...

J'accepte. Coup de téléphone à Dimitrio, mon chauffeur, de venir me chercher tout de suite avec ma voiture. Malgré la hâte de Dimitrio à répondre à mon appel, la joyeuse caravane des « touristes tarragonais » a déjà quitté Albacete depuis dix minutes lorsque je monte en auto. Mais ma « bagnole » boit les kilomètres en se jouant. Mon brave chauffeur trépigne de joie de me voir sur pied, et de se sentir à mes côtés. Il se répand, volubile, évoque nos randonnées « à tombeau ouvert » sur les routes d'Espagne, nous revoit, bouffant nos centaines de kilomètres par nuit, confondant ceux qui nous croient à X... lorsque nous atterrissons à Y... dans un secteur diamétralement opposé. Dimitrio espère que ces « beaux temps » sont revenus, et que, demain, nous bondirons peut-être d'Albacete à Carthagène, à Murcie, à Alicante, à Valence, ivres de mouvement... et collectant, à pleines brassées, des « documentations et renseignements » inestimables... Le dynamisme de Dimitrio — serviteur au grand cœur — a besoin des vastes espaces. Pour sa patrie d'Espagne, il monterait sur la croix, mais, depuis qu'il « bourlingue » avec moi, il associe la France à la dévotion qu'il porte à son pays natal...

Puissamment, l'auto démarre... En cent mètres, elle est « en prise directe »... Coup de tonnerre ! La voiture se soulève d'un seul bloc... Je me sens « aspiré » comme poussière, entraîné au fond d'un abîme insondable... et puis c'est le néant !...

Lorsque je rouvre les yeux, j'entrevois, dans un brouillard, un cercle de visages inconnus penchés sur moi... Je m'efforce à les identifier... Des silhouettes d'aviateurs, je crois, qui dansent devant mes yeux... Je tente de me relever... Impossible... Je fais corps avec le sol... Tête à gauche : horreur ! À deux mètres, Dimitrio gît, la face contre terre. D'un trou derrière l'oreille, lentement, coule un filet de sang, qui zigzague sur le cou, et s'étale en flaques sur le col de sa vareuse...

Devinant ma question muette, un des aviateurs se penche : « *Muerte !* » me souffle-t-il, en regardant Dimitrio... Les larmes m'inondent... Dimitrio, brave entre les braves, « ils » l'ont assassiné, comme et avec moi... Dimitrio, jeune père de deux petits, tout petits enfants !

Je questionne l'aviateur : « Que s'est-il passé ? Où suis-je ?... » Nous avons fait, Dimitrio et moi, un saut dans l'espace, une « parabole » de cinquante mètres au moins... La voiture a explosé... Arrachés de nos sièges l'un et l'autre, nous avons été projetés comme fétus de paille...

L'aviateur qui me documente (tout bas à portée de l'oreille) ne me cèle pas que ses camarades et lui-même, qui furent témoins de l'accident, sont « sidérés » de me trouver encore en vie... Ils croyaient relever deux cadavres...

Oui, je suis vivant... Mais, cette fois, mon « moteur » ne tourne plus « rond » du tout... Combien de « ressorts » brisés dans la « mécanique » ? Une fois encore, en route vers l'hôpital, inconsidérément abandonné quelques heures auparavant...

Je ne me rends pas compte si je souffre... Mon corps n'est qu'un bloc de plomb... Mon esprit chevauche dans un monde fantastique...

Le diagnostic de la Faculté est accablant : la clavicule brisée, les poignets démis, les côtes, fraîchement ressoudées, à nouveau rompues, et quatre-vingt-dix-neuf chances sur cent que ma poitrine soit « défoncée »...

Dans un lointain perdu, j'entends l'énoncé du jugement qui a toutes les allures d'un « jugement dernier »... Dans un halo, je distingue, autour de mon lit, un conglomérat de visages... Peu à peu, les silhouettes se précisent... Tout le « gratin » de la base est là, guettant les vaticinations de la Faculté...

« Il ne passera sans doute pas la nuit... Il ne respire plus que très faiblement... », prononce le major...

De cet arrêt sans appel, pas une syllabe ne m'échappe, mais je ne suis pas fichu d'émettre le moindre son, d'esquisser l'ombre d'un mouvement...

Vais-je « clamser » pour de bon ?... Aux quelques atomes de forces qui me restent, je me cramponne désespérément. Ne vont-ils pas s'en aller, mes « croque-morts »... à l'heure de mon « dernier quartier » ? Ce dernier quartier-là, le cercle démoniaque me le refuse, avec une « sollicitude » exaspérante... Ils « veulent être là » pour l'instant où mon âme s'envolera... Ils murmurent entre eux :

— Il va mourir ! Téléphone à l'état-major... Il faut des obsèques imposantes à notre grand ami...

La joie macabre de ces tartufes, doublés de salauds, arc-boute ma volonté de ressusciter !

C'est la nuit... Les nécromants sont partis... Cette nuit sera-t-elle donc ma dernière nuit terrestre ?... À nous deux, Madame la Camarde !... On ne m'a pas comme cela, ma chère...

Tout à coup, le voile qu'on a posé sur mon visage se soulève doucement... Un de mes « Tricolores » est contre moi... Entre mes paupières mi-closes, je l'ai reconnu... Une joie immense, lourde de larmes brûlantes, éclaire mon pauvre visage... Je vis « toujours »...

— Si tu meurs, murmure imperceptiblement mon « Tricolore », ces misérables le paieront sur leurs ignobles carcasses, je te le jure !... Tout l'état-major « sautera »...

Esculape s'est trompé... J'ai défié victorieusement la dame à la faux... Un nouveau « miracle »... Plus simplement, l'exceptionnelle et extraordinaire conformation de mon sternum dont la charpente est quatre fois plus épaisse que la normale, a fait « bouclier » et m'a évité l'écrasement du thorax...

Trois journées ont passé... et surtout trois nuits atroces, monstrueuses, inhumaines... Mais, je renais ! Il faut décommander la « fête », décrocher les draperies noires frangées d'argent, arrêter la construction du catafalque, renvoyer les fossoyeurs...

Je renais à la cadence des heures !... Au bout de dix jours, je parviens à descendre un étage, plié en deux, sans doute, mais suffisamment en équilibre pour atterrir sans dégâts au rez-de-chaussée et gagner le jardin de l'hôpital.

Mon apparition cloue de stupeur l'infirmier en chef.

— C'est un revenant, s'écrie-t-il...

Oui, en effet, un revenant ! Mais, quand les revenants s'en vont parmi leurs anciens « collègues » : les hommes, c'est toujours pour faire parler d'eux... Le revenant que je suis est habité d'une vengeance coriace, aussi coriace que mon sternum !

Monsieur le colonel Below en personne est venu prendre de mes nouvelles. Il ne sait guère ruser. Il a laissé échapper des paroles imprudentes...

Reçu aussi la visite du commissaire Lampe, horriblement gêné dans les entournures. Il n'a pu soutenir un seul instant mes regards.

Below et Lampe ont besoin de « libérer leur conscience » et de jeter du lest. S'ils ne figurent pas parmi les vampires qui ont voulu ma peau et mes os, ils ont connu le guet-apens. Ils assistaient au comité secret, au cours duquel ma « suppression » a été décidée. Ni l'un ni l'autre ne s'est désolidarisé des assassins. Muets, ils ont entériné le crime. Complices, ils sont... Aujourd'hui, le sang versé les étouffe. Une peur jaune les possède, car ils savent que la police, alertée, veille étroitement et que, de sitôt, on ne pourra recommencer un coup contre moi dans le style de celui de l'auto. Ils veulent se concilier mon indulgence...

— Lorsque tu partiras en convalescence, me disent-ils affectueusement, c'est sans doute vers la France que tu te dirigeras, n'est-ce pas ? Nous te retiendrons un wagon-lit et nous te mènerons nous-mêmes jusqu'à la frontière... Mais aussi, promets-nous de revenir au plus vite... Nous ne pouvons *nous passer de toi* !

Jocrisses ou bandits ! On départagera plus tard leurs lâchetés, en confrontation avec les responsabilités sans appel de leurs « inestimables collègues ».

Pour le moment, et pour de bon, je fais le mort ! À très bientôt, messieurs mes assassins !

MISSION EN FRANCE

DEPUIS un an que je cours les routes d'Espagne, tant dans le fracas de la bataille que dans les arcanes de l'arrière, jamais je n'ai éprouvé aussi intensément que maintenant la nostalgie du sol natal. Sans doute, ma déficience physique qui, pour un temps, m'éloigne des luttes actives m'interdit-elle temporairement la poursuite d'une œuvre périlleuse. J'ai senti sous mon nez l'haleine de Pluton, car j'imagine qu'un « possédé » de mon espèce doit aller tout droit aux Enfers...

Fébrilement, j'ai fait mes préparatifs. J'ai hâte de passer la frontière, de fouler notre bonne terre de France.

Dans mes bagages, j'emporte de nombreux et abondants dossiers relatifs aux forces internationales. J'ai reçu, en effet, mission des états-majors, politique et militaire, d'exposer à qui de droit, au Comité central du Parti à Paris, les besoins immédiats de l'armée des Volontaires, en même temps que de réclamer le matériel et les moyens propres à faire enfin de cette armée une « force organisée et redoutable ».

Je dois exposer la situation rue La Fayette, y alerter les bureaux chargés des affaires espagnoles ; dire aux hauts fonctionnaires parisiens la grandeur de l'effort accompli en Espagne à ce jour, et obtenir surtout du Comité central qu'il satisfasse sur l'heure à un certain nombre de demandes, qui ne peuvent plus être discutées, ni différées. À présent, ce n'est plus au compte-gouttes qu'il faut expédier en Espagne matériel et équipements. Cinquante mille hommes se battent dans la péninsule : cinquante mille hommes qui manquent de chaussures, de vêtements, sont mal armés. Les jours sont loin où les magasins, les entrepôts, les parcs de l'armée prolétarienne regorgeaient de vivres, de matériel neuf, de pièces de rechange. C'est ce qu'il me conviendra de souligner, avec toute la conviction dont je suis capable. Confidentiellement, je devrai dévoiler le sabotage organisé qui a rongé — et ronge encore — les services de l'armée.

Voilà un dernier sujet sur lequel je puis m'étendre, en connaissance de cause... Oserai-je dire que les précisions, que j'apporterai aux démiurges de la rue La Fayette, seront puisées aux meilleures sources ? Aussi me fais-je une pinte de bon sang, lorsque j'évoque, par anticipation, les rapports que je vais faire sur les destructions opérées dans les « unités rouges ». Mais, comme la modestie fait partie de mon bagage personnel, je me garderai d'être prolixe en l'occurrence sur notre « Légion Tricolore ».

Par contre, rien ne m'arrêtera pour mettre l'accent sur les difficultés grandissantes du ravitaillement : sur l'angoissante question du pain, sur la montée en flèche des prix de la viande dans les provinces soumises à l'autorité de la République espagnole, et pour déclarer sans périphrase que les « Soldats de la Liberté » sont nettement sous-alimentés.

Ma mission est donc d'importance. L'état-major fait confiance à mon esprit de *debater* entêté, pour réclamer et obtenir du Comité directeur de Paris, et de tous les chefs de service du « Bureau central », un concours sans limite, des efforts décuplés, des réalisations en harmonie avec le sacrifice des combattants.

Un porte-parole qualifié du grand état-major d'Albacete, ne m'a-t-il pas déclaré, tandis que je montais en wagon en direction de la frontière, et en me remettant une documentation de dernière heure :

— La puissance de l'Internationale prolétaire est incommensurable. Elle peut tout. Il lui suffit de vouloir. Il t'appartient de lui insuffler et d'entretenir cette volonté jusqu'au bout...

Cet homme parle d'or. Je suis en effet un « jusqu'auboutiste » enragé.

Sans l'ombre d'une difficulté, j'ai franchi la frontière. Je n'ai même pas eu à montrer mes « papiers » espagnols. Un simple permis frontalier, que l'on m'a remis au Perthus, justifie mon passage au regard des multiples barrières policières.

Notre frontière de France est d'ailleurs bien mal gardée. Le laisser-aller, dont les autorités françaises font preuve, est inconcevable. L'aisance avec laquelle j'ai passé la ligne de démarcation est à portée des étrangers de tout acabit, des agitateurs de toutes races. Ne sait-on pas qu'à Perpignan une officine s'est spécialisée dans l'obtention (la fabrication peut-être) de ces « sésames » que sont les permis frontaliers, ceci avec le concours de bien curieuses complicités ? Ouvertement, la police fait son travail. Les postes s'échelonnent, rapprochés, sur la ligne-frontière, avec leurs gardes mobiles casqués, fusil en bandoulière, revolver à la ceinture. Ou bien cet appareil de protection n'est en position que « pour la frime », ou bien les consignes données aux gardes sont diablement élastiques, car, à leur nez et à leur barbe, passent, à longueur de journées, les estafettes, fourriers et *missi dominici* de toutes catégories de la Révolution, installés à demeure, comme le sait tout le monde, dans les départements frontières.

Je regrette de ne pouvoir demeurer quelques jours dans le secteur pyrénéen. Il y aurait tant à voir, tant à noter... pour expliquer aisément tant de choses qui paraissent, de loin, inexplicables ; tant de conclusions à tirer sur les dangers d'un état de choses qui n'a pu échapper aux pouvoirs responsables, à moins que la thèse opposée ne soit la bonne ! Alors, qui trompe-t-on en France aussi ?

Me revoici dans la bonne ville de Perpignan qui fut, il y a un an à peine, ma première étape sur la « route glorieuse ». Atmosphère toujours provinciale... reposante. Éventaires chargés de victuailles de toutes sortes. Du pain délicieusement doré. Depuis ces derniers dix mois, j'en ai oublié la vue et perdu le goût. Mais les prix ont bondi fantastiquement depuis un an. Les commerçants s'en donnent à cœur joie. En pays de « Front populaire », toutes les licences sont permises, sinon de règle.

Je prends contact avec les « responsables » du comité du Parti de Perpignan : quelques pâles voyous commandent à un quarteron de pauvres types, terrés dans les bureaux de l'officine rouge. Pourtant Perpignan mériterait des organisateurs de choix. À la fois centre de rassemblement pour les Volontaires partant en Espagne, et centre de passage aller et retour pour les permissionnaires des brigades, venant de la Péninsule ou y rentrant, Perpignan est la plaque tournante posée entre l'Espagne et la France.

Avec une candeur imbécile, les fonctionnaires de l'officine me disent les nombreuses défections qu'ils enregistrent. Le déchet est énorme entre ceux qui se font pointer leurs titres de permission lors de leur entrée en France, et ceux qui les font estampiller à leur retour en Espagne. Les bureaucrates n'y trouvent aucun remède que de me presser d'en aviser Paris. Je devrai également signaler au Bureau central que, depuis quelque temps, le transit du recrutement effectué par Perpignan est à l'étiage le plus bas, très voisin de la sécheresse absolue.

Pourtant, les quelques « camarades » permissionnaires avec lesquels je m'entretiens me paraissent décidés à revenir se battre. Seulement, à la douce ambiance du foyer familial, le paradis communiste perdra de ses vertus magiques. Alors, la vision de l'enfer d'Espagne les assiégera, et, leur permission expirée, ils resteront chez eux, pour la plupart.

Quatre octobre. — Paris... L'interminable voyage a pompé mes dernières réserves de force. Mon corps torturé, mon visage ravagé disent les drames que je viens de vivre ces derniers temps. Hissé péniblement en taxi, je lutte désespérément contre l'étourdissement. Dans le formidable mouvement des rues, dans la nonchalance des habitants, c'est un Paris tout neuf qu'il me semble découvrir. Mais il n'est plus « mon Paris », si sensible, si prêt à s'emballer pour les grandes et belles causes. Je n'y décèle aucune des préoccupations et des angoisses nées de l'immense tragédie qui se joue en Ibérie.

En vain, essaierai-je aujourd'hui d'enfourcher Pégase pour des chevauchées fantastiques. Ma carcasse désarticulée me rappelle à l'ordre, et me fait souvenir que, temporairement, je dois renoncer à tout excès.

Mais, n'ai-je pas des consolations d'un autre ordre ? Mandaté officiellement par leurs délégués en Espagne, je vais, de pair à égal, m'entretenir avec les dieux de l'Olympe communiste, et aurai ainsi mes grandes et petites entrées auprès d'eux, auprès des demi-dieux, et auprès de leurs puissants séides.

Peut-être remercierai-je, quelque jour, mes assassins de m'avoir involontairement procuré la haute mission dont je suis investi, et qui, en tout état de cause, fait bigrement ma balle.

Je commence ma tournée parisienne par en bas, en frappant à la porte des fonctionnaires de seconde zone qui, Cité Paradis, gèrent le bureau du « Comité d'Aide à l'Espagne ». Depuis le jour où il a été tenu sur les fonts baptismaux, le Comité a extraordinairement proliféré. Un peloton de sous-comités est né de son propre sein, avec une autre escouade, sur pied de guerre, d'associations aux vocables redondants... et grotesques. Il faut bien trouver des places aux « camarades » en disponibilité plus ou moins forcée. Je rencontre, en effet, Cité Paradis, une brochette de commissaires politiques en disgrâce, dont l'état-major d'Albacete a dû se séparer, pour cause d'incapacité congénitale.

Le sieur Heusler, qui se pose comme le chef de la section « Paradis » et qui pue le cynisme à quinze pas, régente la maffia qui opère en ces lieux.

Chacun ici a son « fromage » — fromage plus ou moins gras — généreusement fourni par le « Fonds de Secours à l'Espagne ». Et fort naturellement, tous en chœur prient Dieu, en qui ils ne croient pas, que la tragique expérience et la sanglante aventure d'Espagne continuent *usque ad æternum*.

Ces messieurs m'accueillent, avec le sourire. Ils me bombardent de questions. Je trouve facilement réponse à tout. J'expose la situation telle que je la conçois, et conclus, péremptoire : « Il faudra y mettre le prix, mais nous vaincrons ! » Développant ma thèse, je déclare : « Il faut en mettre un sacré coup. Or, on ne réalise pas la situation à Paris ; on ne fait pas le dixième des efforts indispensables. Les discours ne suffisent pas, lorsqu'il faut remonter la mécanique, à ceux qui, au-delà des Pyrénées, s'offrent chaque jour en holocauste pour la "Cause". La justice immanente a de brusques et terribles retours. Les Volontaires ne viendront-ils pas quelque jour, non pas seulement demander des comptes, mais les régler... à la housarde, entre quatre z'yeux ? »

Évidemment, on m'écoute. De fréquents signes d'acquiescement ponctuent mes dires, mais on s'en tient à ces marques extérieures approbatives. La consigne est de ronfler...

À mon départ d'Albacete, le commissaire politique de la base, en même temps qu'il me remettait un certain nombre de plis, m'a chargé de les apporter en mains propres, à celui qu'il appelle familièrement « *le gros Maurice* » et qui, seigneur éminent, préside à l'organisation secrète de la rue La Fayette. C'est au bureau du « gros Maurice » qu'aboutissent les « pipe-lines » qui charrient l'or drainé à travers le monde, au nom et pour la sainte République Soviétique Espagnole. Je me présente rue La Fayette, et me fais annoncer au « gros Maurice », nanti de mes lettres d'introduction auprès du nabab moscoutaire. Il y a foule dans l'antichambre qui précède son bureau. Les « camarades » se pressent, attendant d'être admis auprès du Grand Payeur. Je reconnais pas mal de visages rencontrés à Madrid, à Valence, à Albacete. Rien que des crânes passés au papier de verre, qui disent éloquemment leurs origines, soit spartakiste, soit polonaise, soit balkanique. Ces « ouistitis » ont été convoqués ensemble ou séparément par le « gros Maurice » qui ne pourra me recevoir qu'après en avoir terminé avec eux. Ils font certainement partie de la « garde prétorienne » dudit Maurice. Ils ont droit de préséance sur moi, qui tombe du ciel d'Espagne, comme un aérolithe.

Je demeure donc « en instance » sur une mauvaise chaise dans l'antichambre jusqu'aux environs de midi, pour m'entendre dire « de repasser plus tard », Son Excellence Maurice ayant, me confie-t-on, « de graves questions politiques à traiter de toute urgence »... Ici, comme en Espagne, la chose « politique » prime de loin la chose « militaire ».

Que pèse la « chair à canon » des Volontaires à côté des « *combinazioni* » tortueuses grâce auxquelles les guignols, qui dominent dans la IIIe Internationale, pensent asseoir leur hégémonie ? Et c'est avec cette « chair à canon » de prolétaires anesthésiés, qu'odieusement ils battent monnaie... Théorie et pratique ne sont pas pour nous déplaire, à nous autres, Légionnaires. Car, si aux lieu et place des mazettes soviétiques, qui n'emploient envers leurs troupes que le langage du knout, le Parti communiste avait possédé quelques véritables stratèges, la cause espagnole et, partant, la cause démocratique mondiale, auraient connu un « renversement » complet.

Je suis revenu le lendemain voir le « gros Maurice ». Cette fois, je suis introduit auprès du « monstre ». Il mérite amplement son qualificatif de « gros ». Celui même de « poussah » lui conviendrait mieux.

Maurice prend connaissance des documents que lui adressent les dirigeants du Parti en Espagne. J'en sais la teneur. Tous, à de rares exceptions près, sont des messages S.O.S. qui débordent d'angoisse. Malgré le « dévouement » de tout un chacun, les efforts accomplis sont notoirement insuffisants, et jusqu'à maintenant vains. L'armée se désagrège matériellement et moralement. Les « camarades » d'Albacete se débattent dans un capharnaüm inouï.

Le « gros Maurice » lit nonchalamment mes « papiers », avantageusement carré dans son fauteuil. Hochant la tête à différentes reprises, il avoue sans réticence qu'il est au courant de la situation, mais que c'est en pure perte qu'il voudrait remédier à un état de choses même catastrophique. « Je suis absolument désarmé », me dit-il.

« Oui, complètement désarmé, répète-t-il, pour la seule et unique raison que *la caisse est vide*... La propagande trotskyste a porté ses fruits... Vilipendé, attaqué sans merci par une presse-maquereau, le Parti doit consacrer presque toutes ses ressources tant à défendre sa situation en France qu'à intensifier sa propre propagande et à soutenir l'agitation dans les autres pays d'Europe... »

Je suis « sevré » depuis pas mal d'années. Ce que le « gros Maurice » ne me dit pas, je le comprends : « La caisse est vide *pour l'Espagne* », bien que le fric des poires ne soit officiellement récolté que « *pour l'Espagne* ». Le « gros Maurice » n'a nul besoin de dire que cette même caisse est ouverte inépuisablement pour susciter, soutenir et alimenter l'agitation révolutionnaire partout où les gouvernements regimbent à se laisser intoxiquer par les microbes dévastateurs que le « petit père Staline » et sa cour fabriquent par myriades pour l'exportation.

J'ai pieusement écouté Maurice. Je lui réponds en « militaire ». Avec une conviction dont je m'étonne moi-même, je confirme les besoins de l'armée des Volontaires. J'insiste avec rudesse pour que satisfaction soit donnée à toutes les demandes adressées à Paris, et, pathétiquement, je conclus par ces mots : « La défaite de l'armée rouge en Espagne peut sonner le glas du Parti communiste... »

J'ai rempli ma « mission ». Mes commettants d'Espagne ne peuvent rien me reprocher. À « Monseigneur » Maurice, qu'on considère comme une des « fortes têtes » du Parti, j'ai dit en quelques phrases la situation, et ce qu'il fallait faire pour empêcher le désastre final, inévitable. Maurice dispose des moyens utiles pour déclencher la « grande action » internationale libératrice... À lui de conclure à son tour.

Avant lui, j'ai tiré ma « conclusion » : un mouvement mondial est actuellement du domaine de l'utopie !

Maurice m'a prié de passer chaque jour à son bureau, jusqu'à ce qu'il ait trouvé à employer mes « capacités » qu'il apprécie grandement, me déclare-t-il. Pas possible !

Au cours de mes allées et venues au cabinet du « gros Maurice » je suis amené à rencontrer quelques-uns des notables théoriciens qui, rue La Fayette, jouent aux augures. J'ai la sensation que « ces extraits de Pythie », tout en me considérant comme un « camarade », me jugent aussi comme un type ayant « marre » de l'Espagne et des Volontaires. Ils croient, dur comme fer, que je veux à tout prix me faire donner, dans les services de Paris, une « planque » douillette. Ô fins psychologues !

J'ai l'air de me laisser conduire bien gentiment là où l'on veut me mener. N'est-ce pas la seule voie qui me soit offerte pour mieux démonter les rouages de la « Grande Maison » et pour pénétrer peu à peu dans les secrets de leur non moins « Grande Machine » ?

On vient de me bombarder : « attaché au Bureau technique », organisme qui a installé ses pénates rue de Chabrol ; à quelques encablures du Bureau central. Entre les deux, la liaison est constante.

Lorsque je me présente au « responsable » du Bureau technique, je tombe dans une ruche en plein travail. Avant d'atteindre le bureau du chef, je longe des services, dont l'accès est interdit à qui « n'est pas du bâtiment ». Partout, des tables à dessin. « C'est, me dit mon introducteur, le domaine exclusif des ingénieurs qui dressent les plans des usines, où demain l'Espagne fabriquera elle-même ses propres armements et munitions. Il est prévu plusieurs usines, plus ou moins conséquentes, qui s'échelonneront sur la côte, de Barcelone à Carthagène. Ce sont, continue mon guide, les ingénieurs soviétiques qui, après avoir reconnu sur place les positions des futurs "Creusot" espagnols, inspirent ici et mettent au point les devis et bâtiments définitifs. »

Vingt-quatre heures après mon entrée dans le Bureau technique, je saurai que l'édification des usines espagnoles d'armement entre dans la catégorie des mythes dont se pare impudemment la représentation en France de l'Internationale n° III. Je saurai en même temps que les « ingénieurs » enfermés dans leurs alvéoles, loin des regards jaloux ou curieux, sont tout bêtement des « illégaux » réimportés d'Espagne en France, et dont l'activité dans la péninsule a revêtu une forme telle qu'on a jugé utile de les réexpédier en franchise à Paris, afin de les retremper dans l'atmosphère du siège central, et surtout pour les revigorer et les remettre en bonne forme doctrinale.

Revenons à ma petite personne. Je suis reçu par le « responsable » en chef du Bureau technique. Bref laïus du monsieur sur le rôle que remplit son service, ombilic de coordination, pour l'Internationale communiste — quelque chose comme le P.C. du G.Q.G. de la « Révolution en marche ».

Tous les trois jours, le Bureau reçoit la feuille de température de l'Espagne, qui est ensuite transmise avec commentaires adéquats, aux « sultans » de la rue La Fayette.

Mon chef direct répond au nom essentiellement français de Leblanc... Il est « Leblanc » comme Staline, puisque pur sang Polonais... J'ignorerai toujours son véritable état civil.

— Tu es chargé, me notifie mon Leblanc, d'entrer en rapport avec les organisations de gauche — tant politiques que syndicales —, en vue d'obtenir de ces groupements une aide immédiate à l'Espagne. Tu feras, chaque soir, un rapport sur ton activité de la journée, un résumé de tes démarches et diras les résultats que tu peux légitimement escompter. Ce rapport sera, dès le lendemain, transmis au Comité central.

Et, pour conclure, la petite homélie-programme qu'il m'adresse, Leblanc ajoute, avec un petit sourire :

— Tu vas pouvoir te rendre compte toi-même comme il est « aisé » de faire rentrer du « fric » dans la caisse !

En effet, très cher Leblanc... je vais pouvoir rendre compte... du « boulot » accompli depuis une année par mes « Légionnaires ». C'est en bonne partie, grâce à ce « boulot » que les brigades ont enregistré des milliers de désertions, que les déserteurs, revenus en France, et racontant, consciemment ou non, « ce qu'ils ont vu ou enduré », tout uniment, ont laissé deviner enfin l'horrible tragédie dont l'Espagne est le théâtre !

Au cours de la « tournée » que je vais accomplir, on ne va pas manquer — j'imagine — de me questionner (cela coule de source) sur la destination donnée aux millions versés pour la propagande en faveur de l'armée des Volontaires... Vais-je répondre que ces millions, entrés dans la Péninsule par une porte, en sont ressortis presque immédiatement par une autre porte... grâce à un jeu de passe-passe enfantin sans doute, mais auquel il fallait penser ?... Me faudra-t-il faire devant mes interlocuteurs cette constatation — pour le moins hallucinante (et faite par moi depuis longtemps) — que les millions faisaient « trois petits tours... et s'en allaient », gonfler les comptes en banque des « gros bonnets » du Parti ?

Ce n'est pas là ce que tu me demandes, je le suppose, ineffable Leblanc ?

Aussi, suis-je décidé à mettre une sourdine à mes élans, ainsi qu'un « bœuf sur ma langue ». Je me contenterai d'exécuter à la lettre les consignes données.

Je me démène en conséquence. Je pérore, use de toute la gamme des exhortations, inlassablement « bats la grosse caisse »... « C'est pour nos braves Volontaires, Messieurs et Dames ! »

Parallèlement, chacune de mes « démarches » nourrit précieusement ma documentation sur la « plus monumentale escroquerie » que le monde ait jamais connue.

Au syndicat des Métaux de la région parisienne, rue d'Angoulême, règne en maître souverain Doury, un « dur » entre les « durs ». Le syndicat est puissant. Son potentiel financier est à l'échelle de sa force. L'« affaire espagnole » y est traitée sur un plan exclusivement financier, de même que toutes les « affaires » de la maison. Le secrétariat de Doury, qui est « fourni », me tuyaute. Je suis confirmé dans ce que je savais déjà, à savoir que les affiliés au syndicat sont légion, et que le total des oboles « forcées » recueillies a atteint un chiffre pyramidal. C'est un Pactole, qui continue à couler, hiver comme été, printemps comme automne... On me déclare, en outre, que, l'affaire d'Espagne une fois liquidée, le fleuve d'or, poursuivant sa course, sera dérivé vers des voies déjà fixées par avance, irriguera savamment toute la France. Il servira alors à balayer une fois pour toutes la Réaction abhorrée !

J'écoute ces messieurs des métallos. Certes, « ils se vantent », comme on dit à Marseille. Mais les renseignements qu'ils m'ont fournis, me permettent de faire un rapide calcul mental : la masse de combat, que doivent avoir eue en mains, ou plus exactement dans leurs poches, les chefs communistes, de par les seules contributions des ouvriers métallurgistes de la région parisienne, est de l'ordre de *trois millions par semaine* ! Telle est la « contribution » que, depuis le début de l'Aventure, nos fidèles et admirables syndicalistes ont versée sur l'autel de la « malheureuse Espagne » !

Trois millions par semaine ! « C'est un tas », comme dit l'autre. Je consens pourtant à me faire amputer d'une patte, si l'on m'apporte la preuve que ces millions ont été exclusivement employés à l'effort de guerre de l'armée prolétarienne. Oui, certainement, le compte « Espagne » a été débité d'un nombre respectable de millions dans la comptabilité des métallos, mais la majeure partie de ces « rutilantes unités », fruit des sacrifices ouvriers, a servi à entretenir chefs et délégués du Parti sur la terre ibérique, sans parler du pourcentage retenu par le Comité central de Paris. Et quel joli pourcentage ! On a offert, à chacun de ces pontifes et à leur « compagnie », prébendes, indemnités, cadeaux, tout ce qu'il faut pour répandre du bonheur en ce bas monde. C'est ainsi que, grâce aux offrandes fournies par le syndicat de la rue d'Angoulême, les « ambassadeurs » communistes envoyés en Espagne ont, sans bourse délier, pu s'offrir des autos, timbrées aux meilleures marques de France, des États-Unis et d'Angleterre...

Pourquoi a-t-il été refusé aux généreux donateurs de contempler *de visu* les somptueuses bagnoles, impeccables de lignes, capitonnées de profonds « pullmans », où les augustes fesses des polichinelles titrés de l'Internationale s'efforçaient de faire figure — si l'on peut dire — à l'instar des « repus de ce monde » ?

J'enrage tout seul, et cependant il me faut encore me maîtriser. Fermons les yeux. Serrons les mandibules. Acceptons, sans renâcler, les mensonges dont on m'abreuve, puisqu'on n'est pas fichu de me faire toucher du doigt la moindre justification de l'argent benoîtement récolté sous la sainte égide de « l'Aide à l'Espagne ». Bouche cousue, tel est mon slogan à cette heure. Il me faut m'incarner dans mon rôle de « défenseur à tous crins » du Parti, « seule émanation des prolétaires » et dont la cocarde rouge sang de bœuf s'adorne de ces trois mots magnifiquement prometteurs : *Un pour tous !...*

Ce n'est pas non plus l'un de mes moindres étonnements de voir que les bureaux où règnent les « purs » communistes sont aussi ceux qui me réservent la meilleure et la plus confiante audience. Ceux-là sont pour le *vacuum cleaner* absolu, pour un chambardement vengeur et qu'ils estiment salutaire. Je les rallie facilement à mes propres vues. Ils sont d'accord avec moi pour reconnaître que la mort de tant de pauvres bougres est due en grande partie à la déplorable organisation des services. Je me laisse aller, devant ces « vrais de vrais » qui planent au-dessus des combines et des compromissions :

— C'est à vous, qui êtes à l'arrière, leur dis-je, de monter une garde vigilante. Demandez qu'on vous fournisse tous les documents susceptibles d'éclairer votre religion ! Si l'état-major du Parti, accablé de tâches, ne peut vous donner satisfaction, réclamez un conseiller militaire, qui vous serait adjoint. Placé sous votre contrôle, il vous aidera à dépister les fatales erreurs qui, dans le passé, ont été commises et qui ont fait tant de mal à notre « Cause » pour la plus grande joie de nos ennemis.

La riposte frappe comme une balle : « Pourquoi pas toi ? » Comme j'esquisse un geste, qui veut tout ou ne veut rien dire, mes interlocuteurs, croyant deviner où le bât me blesse, lénifient mes hésitations : « Pourquoi es-tu venu si tard au Parti ? » se lamentent-ils... « C'est que j'ai mis du temps à être touché de la foi, pardi, mes frères »... Et j'y vais d'un geste de désolation muet. « Tu mesures à présent notre puissance », concluent, la mine avantageuse, les pectoraux tendus, mes vis-à-vis fraternels...

Et comment donc, mes petits Pères !

À chaque jour suffit sa peine. Chaque journée me conduit à des trouvailles, qui sont autant de tristes constatations sur les organisations d'extrême gauche. Poussière et vent partout ! Un gouvernement, qui aurait du « poil où je pense », n'aurait qu'à vouloir un peu, pour extirper le chancre communiste. Mais, n'attendons point pareil geste de la part du gouvernement de la France, composé de rhéteurs, de pions et de youtres qui frissonnent de peur à la seule pensée d'être renversés par un Parlement en charpie...

Chaque jour est pour moi le jour d'une moisson vengeresse ; c'est l'étalage éhonté de l'effroyable cynisme des chefs rouges, qui puisent à pleines mains dans les caisses, au nez et à la barbe de leurs « sous-verge » besogneux, par eux terrorisés ou endormis sans que ces pauvres bougres osent esquisser un semblant de rebuffade.

J'avoue que, malgré le contrôle que j'exerce sur moi-même, il est des moments où je m'écarte de la zone de prudence volontaire, dans laquelle je dois me maintenir. Je me surprends parfois, dans le feu des discussions, à sortir des généralités et à mettre en cause des personnages nommément désignés, d'où obligation pour moi de commenter les appréciations directes que j'émets. Tel est le cas en ce qui regarde le Bureau technique et ses possédants. En vérité, c'est le sieur Leblanc, émanation du « gros Maurice » que je vise en « jaugeant » le Bureau technique. À la limite dangereuse, je m'aperçois heureusement de mon imprudence, et, aussitôt, je renverse la vapeur, corrigeant, sous des « commentaires » délayés et touffus, mes jugements liminaires... J'ai tôt fait de me remettre en selle et de proclamer que (et c'est le cas à mon avis de Leblanc, dis-je) il y a des limites à la force humaine, et qu'un homme, fût-il sorcier, ne peut, à lui tout seul, suffire au travail géant que réclament les innombrables problèmes du ravitaillement des forces internationales !... Je dilue à ce point ma rhétorique que mes interlocuteurs ne parviennent plus à pénétrer mes vraies pensées, d'autant que le mot « ravitaillement » n'évoque, pour tous ceux qui m'entendent, que des questions de « subsistance » et qu'ils n'y intègrent même pas les questions d'armes et de munitions. Or, ce sont ces dernières qui sollicitent tout particulièrement ma pieuse attention.

Cette incompréhension « bénie » de mes auditeurs me laisse alors du champ pour poursuivre mes déductions.

— Si les services de l'« Aide à l'Espagne », insinué-je, loin d'accuser des décaissements, montrent au contraire des bénéfices substantiels, c'est que la majeure partie de ces « bonis » s'en va, soit à la propagande, soit à la constitution de dépôts d'armes clandestins.

J'ai certainement touché un « point sensible » puisque, à mon insinuation directe, on me répond par une tangente : « Aux postes importants, il faut des hommes de confiance, me déclare-t-on, des hommes d'une honnêteté unanimement reconnue. En conséquence, il n'est ni possible, ni prudent, de confier à *n'importe quels délégués* des responsabilités que seuls les membres du Comité central doivent assumer. Au surplus, la division des responsabilités peut engendrer des trahisons. »

De cette déclaration, je tire cette vérité aveuglante : le tandem Maurice-Leblanc nourrit une hargne dangereuse contre moi. Ma présence dans leur « sérail » leur est insupportable... Pénétré de cette lumière, je modifie mon comportement vis-à-vis de ces honorables messieurs. Puisqu'il faut leur offrir des « gages », j'en dépose à leurs pieds, en veux-tu, en voilà !

Ma « convalescence » parisienne est donc assez mouvementée. Afin d'entrer dans la peau de mon personnage, je m'astreins chaque matin, devant la glace, à « grimer » mes réflexes, à me « composer un visage » si bien que, devant mes supérieurs hiérarchiques : Maurice et Leblanc, j'apparais chaque jour davantage enduit d'une onctueuse piété, possédé de dévotions, candidat-martyr toujours prêt à s'immoler pour la « Cause ». Je n'arrête les frais que lorsque je me sens suffisamment « éduqué » sur les sinistres marionnettes de la rue La Fayette.

C'est alors seulement que j'annonce à M. Leblanc d'abord, au très « gros Maurice » ensuite, que, me sentant tout à fait retapé, j'ai hâte de reprendre le chemin de l'Espagne. Ces « chers amis » essaient vainement de dissimuler le « ouf ! » de soulagement qui s'exhale de leur cœur à cette déclaration de ma part. Devinent-ils, ces augustes et temporaires seigneurs, ce que « disent » mes yeux plantés dans les leurs ?

Nous nous retrouverons, nobles canailles !

RETOUR EN ESPAGNE

Avant de partir, je reçois des nouvelles de la Péninsule. L'état-major d'Albacete est ravi de la façon dont je me suis acquitté de ma mission parisienne... Le fait est que j'emmène avec moi un lourd convoi : capharnaüm de bazar, bric-à-brac extrait des officines et dépôts de Paris, le tout ou presque sans utilité majeure, hormis le tabac qui, lui, joue son rôle dans le maintien du moral des soldats. J'emporte du jambon fumé, des brioches (il y en a pour quatre cent mille francs, paraît-il !)... Je ne crois pas que les Volontaires se relèvent la nuit pour en manger, car elles parviendront en Espagne quelque peu « fatiguées ». D'ailleurs, si les brioches arrivent jusqu'aux Volontaires, le jambon fumé arrêtera son périple... dans les bureaux de l'état-major, qui prise à sa valeur cet « amuse-gueule », et dont tous les fonctionnaires sont, par une curieuse coïncidence, habités d'un appétit pantagruélique. Il se peut que les Volontaires reçoivent de « bon tabac » dans les conditions toutes spéciales auxquelles on le leur cédera... Ainsi entretiendront-ils les mirobolants mirages dont on les a bercés.

Sans doute aussi, de bons souliers, des vêtements chauds et confortables feraient-ils mieux l'affaire des « Soldats de la Liberté »... « Prenez toujours du tabac, mes camarades... » Le « reste » suit, ou suivra... Paris est si loin du champ de bataille !...

Marseille, Perpignan et Le Perthus marquent les étapes de mon retour... Aux divers passages, je prends des notes. Mon instruction en tirera toujours profit.

C'est ainsi que l'intarissable bavardage des chauffeurs appointés par le Parti est bigrement intéressant. Leurs confidences, pour des raisons que je ne tiens pas à approfondir, sont haineuses et jalouses. Les « responsables » sont mis par eux sur la sellette, et en sortent durement malmenés et pas mal écorchés. Un chœur unanime ne chante pas précisément la louange des chefs... Il a dû se passer quelque chose entre les « responsables » et les mécanos ! En tout cas, les techniciens de l'auto me tuyautent sur certains trafics et sur certaines combinaisons, dont ils ont été les témoins muets et disciplinés, en parfaits communistes qu'ils sont... J'inscris sur mes tablettes au fur et à mesure de leurs dicts...

Aux gîtes d'étapes, des régiments de camions tout neufs sont dissimulés aux regards indiscrets, dans de nombreux garages camouflés, côte à côte avec des escadrons de tracteurs d'artillerie et des trains de plates-formes pour transporter les tanks. Tout ce matériel, acheté pour l'Espagne, avec l'argent des prolétaires, ne passera jamais les Pyrénées. Détournés de leur destination, camions, tracteurs et plates-formes, soigneusement alignés comme à la parade, en des points judicieusement choisis, sont prêts à prendre le large, en l'espace d'une heure... et vers des directions qu'on ne dit pas.

Mais les chauffeurs sont prolixes. Ils savent, eux, le rôle assigné (demain peut-être) à cet immense et somptueux matériel, le même rôle que celui éventuellement imparti aux dépôts d'essence clandestins accolés aux mécaniques roulantes... Si Dieu prête vie à la IIIe Internationale, si surtout, comme les gars de Moscou en sont convaincus, la guerre d'Espagne s'achève en victoire, alors... sur la France, objet chéri de la convoitise des Kalmouks du Kremlin, fonceront tous ces régiments de camions, ces escadrons de tanks, etc., en compagnie d'armées furieuses, héritières des hordes d'Attila, qui apporteront au peuple de la Gaule le « Messie » du Grand Soir !...

Seulement, pour que s'épanouisse cet immarcescible crépuscule, il faut — condition *sine qua non* — que la victoire espagnole soit !... Or, elle n'est pas !...

Écoutons encore nos automobilistes ; ceux qui, tel celui qu'on m'a attribué, sont affectés aux « missions spéciales » s'en vont à chaque étape, en catimini, toucher de mystérieuses ristournes. En déduction de ce « fait divers », il faut multiplier par cent, peut-être par mille, les ristournes, tout aussi mystérieuses, qui tombent dans l'escarcelle des chefs.

À Marseille, je fais connaissance avec un « camarade » qui, dès le premier contact, se révèle à moi, comme un « pur » entre les « purs ». Officiellement, il est le délégué du « Secours Rouge » dans la cité phocéenne. Pratiquement, il règne sur une flotte, sans cesse en mouvement, dont « l'éclectisme » en matière de « pavillon » est assez original, « France-Navigation », tel est le nom de la firme, assemble des vapeurs grecs, roumains, voire sans doute palestiniens, arméniens, que sais-je ?, à côté des navires de commerce gouvernementaux espagnols qui, d'un seul bloc, ont été mis sous la coupe de la compagnie. La société assure le ravitaillement entre la France et l'Espagne.

Avec la complicité consciente des dockers du port de la Joliette et celle aussi des services de contrôle et de surveillance français, la mirifique société exerce impunément sa « coupable industrie ». Si, à Marseille, il est séant de ne s'étonner de rien, le tour du port que j'accomplis en compagnie du délégué du « Secours Rouge » confirme les confidences que ce « camarade » vient de me faire.

Le hasard, une fois bienheureux, veut que je rencontre sur la Canebière un de mes « Légionnaires » qui, grièvement blessé sur le front par un éclat de bombe, vient d'être rapatrié en congé de convalescence. Il ne pourra vraisemblablement plus jouer de rôle actif en Espagne. C'est un « type » qui n'a jamais flanché. Aussi, le fais-je immédiatement embaucher dans les services de « France-Navigation », et lui confie, certain de son « affectueuse sollicitude », la surveillance, à mon intention, de la flotte de ladite France-Navigation.[1]

---

[1] Si les fondés de pouvoir du Kremlin ont des curiosités rétrospectives,

Passage à Millas, centre de groupage des convois de l'armée rouge à destination de l'Espagne. J'y suis l'hôte du « camarade » Gendre, que je suis étonné de retrouver en ces lieux. Gendre est pour moi une « vieille connaissance ». Maintes fois, je l'ai déjà rencontré sur le sol espagnol. Mais jusqu'alors, j'ignorais son rôle exact dans la « grandissime organisation », quoique je sache qu'en haut lieu, on lui accorde pleine confiance. Sa présence à Millas m'éclaire sur son activité. Gendre est préposé au passage clandestin, jusqu'au-delà de la frontière, de tous les éléments étrangers postés en France et qu'on expédie en Espagne, selon les besoins de la propagande ou en vue d'autres « occupations » et « missions » aussi diverses qu'hétéroclites et... répugnantes. Le pauvre Gendre ne s'est jamais douté des inestimables « services » qu'il m'a rendus. Du fond du cœur je lui adresse mes remerciements émus.

Enfin, si, pour certains, le franchissement de la frontière représente une expédition compliquée, et nécessite la mise en œuvre de ruses d'Indiens, ce passage de retour s'est effectué, pour moi, aussi aisément qu'à l'aller. Je passe « comme une lettre à la poste » en constatant, une fois encore, que la « garde qui veille aux barrières » espagnoles s'en fout éperdument ou qu'elle a reçu des ordres pour « ne rien dire... et laisser faire ».

Parlons sérieusement : je dis que les postes français des douanes fermaient obstinément les yeux sur les trafics éhontés,

---

je leur fournirai des « tuyaux » sur les causes dites « fortuites » de l'immobilisation de tant de jolis navires à la Joliette.

auxquels se livrait le Parti communiste entre la France et l'Espagne, et, conséquemment, aidaient à l'épouvantable pillage dont était victime le malheureux peuple espagnol...

J'allais franchir la barrière pyrénéenne, lorsque je fis une rencontre pour le moins imprévue. Je me trouvai en effet nez à nez au Perthus avec madame Péri, épouse du député-maire d'Argenteuil.

Que fait ici la légitime de l'Excellence rouge ? Elle me l'apprend elle-même : Madame Péri vient enquêter en Espagne sur la « disparition » de sa « charmante » sœur, la camarade Pauline Marty, conjointe du « Grand Mogol » bolchevique. Il est de notoriété publique que Pauline est introuvable.

— Toutes sortes d'histoires stupides, toutes sortes de racontars ont été dits sur ma pauvre sœur, me confie madame Péri. Tous, plus bêtes ou plus ignobles les uns que les autres. Personne, en tout cas, n'a de ses nouvelles. On a fait des recherches un peu partout, impossible de retrouver sa trace.

Avec une componction du meilleur aloi, j'assure à mon interlocutrice que son « enquête » en Espagne ne peut manquer d'apaiser ses angoisses quant au sort de sa digne sœur.

Au Perthus même, on me documente sur « l'affaire Pauline » ; les dirigeants communistes, installés à demeure en Espagne, les bureaux du Parti égaillés sur le territoire républicain, observent au sujet de cette « affaire » un silence fort prudent. D'abord, on a laissé courir le bruit que la madame avait trouvé la mort à Brunete, tandis qu'elle conduisait une ambulance. La mort en pleine gloire, ni plus, ni moins !

Madame Péri me demande s'il faut ajouter foi à cette version. Je n'en crois pas un mot bien entendu, parce qu'au moment de la bataille de Brunete, des informations précises décrivaient la vie de putain menée par Pauline à Valence, après Barcelone... et ailleurs.

Mais, à madame Péri, je réponds que je suis dans la plus complète inconnaissance des faits et gestes de sa sœur. Pour le vrai, j'ignorais à cette heure les raisons de la « volatilisation » de l'ineffable Pauline Marty. Trésorière de la base des Internationaux, elle a fui son poste, plaqué son mari, pour une destination en effet inconnue... mais avec ses valises lestées de la caisse dont elle avait la gestion. Les « camarades » sur lesquels, avec une cruauté de sadique et un cynisme démontant, elle avait odieusement sévi, ont été les seuls à « gagner » quelque chose à cette fuite. Ils ont été débarrassés d'une vipère. N'est-ce pas elle qui dirigeait les sbires de la Tchéka ? Elle avait organisé, contre les déserteurs, une répression impitoyable, présidait à l'exécution des tueries, et regardait d'un œil froid jeter les cadavres aux orties...

Bête de proie et bête de luxure, possédée par ses « instincts », Pauline Marty a couronné sa malfaisance en levant le pied, avec les cinq millions de pesetas que contenait le coffre du Service de Santé de la base internationale.[1] Au change de 0 fr. 50 la peseta, cours du jour, c'est quand même un joli denier de Judas... Et ce n'est pas tout : la garce, outre les pesetas volées, a emporté dans ses bagages un sémillant capitaine, ami très cher de son mari...

Le convoi de ravitaillement qui roule vers l'Espagne m'emporte lorsque, quelques minutes avant le départ, je suis hélé par le colonel Dumont, qui m'invite à prendre place à ses côtés dans son auto.

Le colonel, commandant la 4ᵉ brigade, a reçu des métallos de Paris, à titre de « reconnaissance », une limousine grand luxe, au fond de laquelle il s'écrase, magnifiquement. Ancien officier de l'armée française, Dumont exerçait autrefois ses talents « en

---

[1] Le chiffre des détournements — 5 millions de pesetas — commis par Pauline Marty m'a été confirmé par le major Telgué.

marge » des choses militaires. Il « faisait ferme » dans le Communisme. Alors au Maroc, il avait été convaincu de propagande stalinienne auprès des sujets du Maghzen, et invité à quitter le Protectorat. Par la suite, il s'était fait embrigader dans l'aventure espagnole, puis, devenu le délégué du Syndicat des Métaux dans la Péninsule… bombardé colonel, il avait été placé au commandement de la 4e brigade.

C'est sans aucun doute parce que sa brigade avait été décimée à Cuerta de la Reina que les métallos de Paris avaient offert à leur « délégué » l'auto grand luxe, où il se pavanait.

J'aurais eu mauvaise grâce à refuser la compagnie de Dumont, d'autant plus qu'elle me valait une « excursion » tout au long de la côte méditerranéenne, où il m'était possible de prendre langue avec nos « Légionnaires »…

J'accepte donc l'invitation, et j'ai lieu de constater, en cours de promenade, que, dans tous mes postes, rien d'extraordinaire ne s'est passé depuis mon absence.

Merci, quand même, Dumont !

C'est en pleine effervescence que je retrouve Albacete. Il y a franchement de quoi justifier l'ébullition de la base. Valence vient en effet d'annoncer l'arrivée, dans la caverne d'Ali-Baba, d'un état-major entièrement espagnol, tout battant neuf. Les brigades internationales vont être désormais définitivement placées sous le commandement et le contrôle directs du département républicain de la Guerre.

Je ne rencontre que mines longues d'une aune. Je ne vois que dents serrées, gorges sèches, figures congestionnées. La « grande rigolade » aurait-elle pris fin ?

Mais, quelques jours après la « fusée » de Valence, et une fois le choc amorti, on se ressaisit. Selon le tempérament, la réaction est différente. Les uns veulent envoyer au diable les outrecuidants représentants du gouvernement de Valence, lorsqu'ils se présenteront à Albacete. D'autres, qui se savent dans de « sales draps », préparent leurs malles « en douce »… Le « beau navire » fait eau… Les rats fichent le camp des cales…

Le colonel Below ne peut que me confirmer le désastre de la Cuerta de la Reina. « Le bureau politique, me confie-t-il, tient essentiellement à être documenté à fond sur ce malheureux "incident" »… Below, mon ami, vous badinez férocement, en appelant l'affaire de la Cuerta « un incident » !

On me pressent pour aller enquêter à Aranjuez, poste de commandement du colonel Dumont, triste héros de la lamentable échauffourée. Bien que réalisant avant la lettre les explications que ce superbe inconscient de Dumont va me donner, je pars pour Aranjuez. Je n'y vais d'ailleurs pas seul. Le chef politique de la base, vieux camarade de Marty, me fait escorte. Nous touchons Aranjuez à midi…

Dumont, qui ne s'attendait pas du tout à notre visite, nous accueille, le sourire aux lèvres… Lunch rapide, après quoi, nous commençons notre enquête. Le colonel nous déclare que les bataillons espagnols, placés sous ses ordres, ont flanché sur toute la ligne, et que les positions qu'il occupait avaient été tournées… Bien trop tard, les Internationaux se sont aperçus qu'on les canardait par-derrière. Enfin (et c'est là l'ultime et très grave révélation du colonel), Dumont a découvert — trop tardivement aussi — une organisation défaitiste ayant son siège et opérant dans le sein même de la 4e brigade.

Sur le mode confidentiel, le colonel nous fait part que, s'il n'a pas brisé la conjuration, c'est que, jusqu'à aujourd'hui, il lui manque encore quelques éléments pour débrider ouvertement l'abcès, confondre toute l'organisation de traîtres et la pulvériser en gros et en détail.

— Pourtant, termine-t-il, j'ai pris quelques mesures préliminaires… en faisant passer par les armes les officiers placés à la tête des unités espagnoles intégrées dans la quatrième brigade.

Après avoir écouté, sans l'interrompre, le monologue de Dumont, nous nous rendons sur le terrain de la bataille. Je n'y suis pas plus tôt arrivé que se confirment mes suppositions en ce qui regarde les « capacités » militaires du colonel… C'est un colonel d'opérette !... Il n'a rien fait pour aménager le secteur confié à sa garde, rien fait pour le fortifier... Face à face avec l'ennemi, Dumont avait d'autres chiens à fouetter que de s'occuper de fortifications !... Il se donnait à l'organisation de fêtes, batifolait du bec dans les meetings, et cela sous le prétexte insensé qu'avant tout il fallait faire front contre les « ennemis de l'intérieur »... De « ceux d'en face » on s'occuperait après !...

Je connais diablement mieux que Dumont l'ennemi de l'intérieur... ce cancer qui dévore l'armée prolétarienne ! Mais les « docteurs en peau de lapin », genre Dumont et consorts, ne sont pas capables d'endiguer la marche foudroyante du fléau, et d'en stériliser les microbes...

L'inconscience de Dumont effare même le dialecticien du Parti qu'est le commissaire politique, qui enquête avec moi. Comment le colonel peut-il soutenir sa thèse lorsque la seule « empoignade » de Cuerta de la Reina aligne, du côté des brigades, mille huit cents morts, prisonniers et disparus, et que presque toutes les armes automatiques dont disposaient les Internationaux ont été perdues ?... Tel est le bilan d'un combat purement local, et qui, du fait de la nullité professionnelle du chef, s'est achevé en désastre...

N'y avait-il pas là de quoi soulever la colère des rescapés ?... La tragédie vécue suffisait à expliquer les mutineries dont Dumont tirait argument en sa faveur, les attentats commis contre les gradés, auxquels la grande masse des Volontaires s'en prenait de son revers et de sa misère...

Mais, tandis qu'il noyait dans le sang ces manifestations intolérables sur le front de bataille, dont sa déficience congénitale était la cause première, comment Dumont ne sentait-il pas monter vers lui la vengeance des « Soldats de la Liberté », immobilisés par lui, et qui, de par sa seule et unique incapacité, terminaient dans la honte leur campagne « libératrice » sur la terre d'Espagne ?

À mon retour d'Albacete, je fais mon rapport sur l'affaire de la Cuerta de la Reina. Le rapport est accablant pour Dumont... Je ne me leurre pas une seconde sur les suites qu'on donnera en haut lieu à mon compte rendu... Le dossier sera enseveli sous les piles d'autres innombrables dossiers, dormant d'un précieux sommeil dans une nuit où ne verra jamais le jour de la discussion publique.

Dumont, je le sais, est un des rouages de l'infernale machine communiste... Et pourtant il ne sera ni puni à l'étiage de ses crimes, ni même blâmé, encore moins relevé de son commandement. Qui peut dire qu'on ne va pas le promouvoir à un poste supérieur ?... Les loups ne se mangent pas entre eux...

Pour une surprise, c'est une surprise !... Le colonel Below, très malade, me fait mander. Il m'informe que l'état-major a décidé que je retournerais sous quelques jours en France. Le motif officiel de cette nouvelle « transhumance » qui m'est imposée est que les techniciens majors internationaux veulent avoir à Paris, auprès du Comité central, un « spécialiste des questions militaires »... Et c'est moi qui ai été choisi pour ce « poste de haute confiance » !...

Tout bien pesé, c'est un « débarquement » en fanfare...

Que s'est-il passé, dans la coulisse, pour que je sois gratifié d'une si curieuse promotion ?... La chose est, ma foi, fort simple... Below a dû s'aliter, souffrant d'un très fort accès d'aortite. Il peut à peine faire un mouvement. Il m'a lui-même désigné comme son remplaçant... Below est bien tel que je l'avais jugé dès nos premiers contacts : tout d'une pièce, habité de jugements impromptus souvent exacts. C'est contre son gré qu'il a figuré dans les « accidents » dont j'ai été précédemment victime... Avec élégance, il a soulagé sa conscience envers moi, sans vain étalage.

Mais voilà... les bureaux politiques, qui sont entre les mains des Spartakistes, n'entendent pas qu'un bonhomme de mon espèce sort nommé à un poste, où il aurait des contacts de tous les instants avec l'état-major espagnol. Ces messieurs ont donc intrigué ferme pour m'empêcher de recevoir le legs de Below.

Tout compte fait, mes ennemis m'ont rendu un fier service. Si j'avais été nommé aux lieu et place du colonel, bien que n'ayant aucunement sollicité pareil commandement, j'aurais immanquablement été l'objet de la surveillance la plus « affectueuse » de la part du Guépéou. J'aurais dû mener des combats incessants, me garder à droite, à gauche, devant, derrière, et, en fin de compte, j'aurais laissé, cette fois sans rémission, ma peau au fond d'un cul-de-sac, où l'on m'aurait estourbi sans bruit et sans témoins.

Sachons sourire... et feignons d'ignorer les « dessous » de ma nouvelle désignation... C'est ce que je ne cesse de me répéter à moi-même, quoique ce soit là une gymnastique à laquelle je répugne par nature et par goût.

Je déambule donc, inoccupé, à travers Albacete, où mon inaction aurait été pesante, si je n'avais trouvé à « distraire » mon ennui. Cette distraction, je la dois à mon compatriote Geoffroy, l'homme à tout faire du citoyen Môquet, député occasionnel du XVIIIe arrondissement de Paris[1], Geoffroy, un bien peu intéressant personnage !... Il a « occasionnellement » aussi commandé le bataillon « André Marty ». Accusé d'un crime, hélas ! commun aux commandants d'unités rouges, c'est-à-dire d'avoir laissé massacrer le bataillon qu'il commandait (l'affaire avait eu lieu au pont d'Arganda, au cours de la bataille du Jarama), de même que d'avoir laissé estourbir quelques menus renforts à lui envoyés pour rétablir une situation plus que compromise, Geoffroy avait de justesse évité la peine capitale, grâce à l'intervention de son patron Môquet. Mais, à l'issue du procès, il avait été jeté en cellule, pêle-mêle avec les condamnés à mort, dans les *in pace* tristement célèbres de la Guardia Nacional : quoique, suivant les instructions données par les autorités, il doive faire partie du premier convoi en partance pour la France.

Mais l'immonde brute, Kopic, qui gouverne la geôle communiste, a juré que Geoffroy ne rentrerait pas en France...

---

[1] Prosper Môquet (père de Guy Môquet) fut en fait député du XVIIe arrondissement. (NDÉ)

J'apprends l'histoire et les « louables » intentions de Kopic. Du moment qu'il y a « du sport », je suis à mon affaire !... À nous deux, Kopic ! Geoffroy doit partir ce matin... on l'a relâché. Il a déjeuné au mess des Officiers, et fait ses adieux à ses camarades. Kopic prend, lui aussi, son repas au mess. Tapi dans un coin de la salle, il ne perd aucun des mouvements de Geoffroy... Je sais que les tueurs du geôlier doivent supprimer Geoffroy aussitôt qu'il sera installé dans le train. Je connais aussi le scénario qui, officiellement, « expliquera » la « fin prématurée » du malheureux : « Ivre-mort à la suite d'excès de table, le commandant Geoffroy, ouvrant par mégarde la portière de son wagon, s'est jeté sur la voie. Sa tête a porté sur le ballast, etc. »

Or, tandis que Geoffroy quitte le mess pour se diriger vers la gare, je le suis de loin, et, cent mètres après sa sortie du restaurant, je le fais arrêter, en lui donnant l'ordre d'aller prendre les arrêts à la salle de police de la caserne... où il attendra des instructions ultérieures...

Le lendemain, Geoffroy prenait tranquillement la route de France, sans savoir que j'étais l'auteur de sa « miraculeuse » arrestation et la cheville ouvrière de sa libération. Mais peut-être ignore-t-il encore à l'heure actuelle mon intervention. Je ne me suis jamais vanté du service que je lui avais rendu, quoique je sache, de la source la plus sûre, qu'il m'a accusé maintes fois d'avoir voulu sa mort.

Autre « distraction » au cours de ma villégiature forcée à Albacete, celle-ci bien plus sensible à mon cœur :

Un de nos « Légionnaires Tricolores » vient de sortir de prison. Il y croupissait depuis des mois subissant d'atroces tortures. Je suis informé de sa libération de geôle, d'ailleurs inexplicable, car l'homme a été incarcéré sur l'ordre de Marty. Sans doute, lors de son rappel en Soviétie, le Maréchal rouge a-t-il oublié sa victime. Le malheureux peut toucher du bois d'avoir été remis en liberté avant que Marty revienne sur la terre de ses exploits.

Notre « ami » occupait dans notre organisation la place « d'avant-centre de l'équipe spéciale ». Installé à Barcelone, il y travaillait en « isolé ». Il avait mis sur pied un service de renseignements parfait, s'était lié là-bas d'amitié avec un certain Manguine, délégué des brigades dans la capitale catalane. Manguine, de sa profession « nervi » à Marseille, jouissait naturellement de toute la confiance de Marty.

Le Manguine en question savait, jour par jour, le mouvement des navires chargés de matériel à destination des ports rouges d'Espagne, où ils venaient s'amarrer après des randonnées souvent fantastiques. C'est ainsi que notre Manguine avait suivi, pas à pas, un vapeur chargé jusqu'à la ligne de flottaison de fournitures de guerre. Parti d'un port de la mer du Nord, sous pavillon scandinave, le navire avait atteint la Méditerranée, touché à Oran, et fait route vers l'Espagne, cette fois sous pavillon grec. Or, en vue d'Alicante, le vapeur aux multiples nationalités avait été torpillé. Bien que l'on eût de sérieuses raisons de penser que ce torpillage était dû à certaines manigances d'espions, on avait, à la suite de la perte du navire, suspecté le « Légionnaire ». Pourtant ce n'est pas pour ce « motif » qu'il avait été incarcéré, mais uniquement parce qu'il fréquentait le commandant Delasalle, exécuté, comme on le sait, après le désastre de Lopera. En le plaçant « en instance de poteau d'exécution », Marty supprimait un des témoins, aussi dangereux que Delasalle lui-même, des scandales qui, à la première heure, avaient déferlé sur Albacete.

J'eus la joie de mettre notre malheureux rescapé en sûreté, et de lui permettre de reprendre assez de forces pour rentrer en France.[1]

---

[1] Deux mois après, déjouant la surveillance des suppôts du S.I.M., notre « Légionnaire » traversait la frontière. Il est revenu « au pays » dans un état pitoyable, crachant le sang, et les poumons brûlés.

DU NOUVEAU... SUR LA ROUTE DE FRANCE

Below avait dit vrai : à mon retour de l'enquête, menée par ordre à Aranjuez, et du rapport « explosif » que j'avais établi sur l'affaire Dumont-Cuerta de la Reina, je suis « chargé de mission en France ». Enveloppée ou non dans du papier beurré, ma « mission » égale dix pour que je ne remette plus les pieds en Espagne républicaine tant qu'y régneront la faucille et le marteau.

Si j'avais quelques doutes sur la profondeur de mon « dégommage », ils se dissiperaient à la lumière des égards dont je suis l'objet à mon départ. Cette fois on ne met à ma disposition ni ambulance, ni voiture de grand tourisme jusqu'à Barcelone.

— Tu profiteras d'un camion de permissionnaires, m'a dit le général Gomez, qui remplace le colonel Below au poste que je devais occuper.

Disons adieu à ma magnifique Nervasport que l'on me confisque sans explication ! Pendant huit cents kilomètres, je vais tâter du « confort » et des ressorts d'un vieux camion. Grandeur et décadence ! Si monsieur le général Gomez savait à quel point les vanités de ce monde m'indiffèrent, il se serait épargné de me lancer « ironiquement » le camion de permissionnaires entre les jambes !

La veille de mon départ, un de mes « Légionnaires » vient aux ordres :

— Tous les amis savent que tu nous quittes, me dit-il. À toi de nous indiquer comment se fera dorénavant la liaison entre nous.

— Je n'ai encore pris aucune décision à ce sujet, réponds-je, car je compte bien revenir ici, dans quelques semaines. Je vais travailler à Paris en conséquence. Hebdomadairement, je vous tiendrai au courant, et vous communiquerai mes instructions. Pour le moment, et jusqu'à nouvel ordre, repos sur toute la ligne.

Ce même soir, au mess, je vois venir à moi un officier du train. Grande est ma surprise de reconnaître en lui C..., « destructeur breveté des convois rouges, fossoyeur en chef du train des équipages soviétiques ».

— Je débarque de Barcelone, me déclare-t-il, où j'ai appris ton départ. C'est avec moi, et avec personne d'autre, que tu quitteras cette ville de délices. Et pas de rouspétance, mon vieux !... Tu ne coucheras pas à la plaza Roja, où l'on t'a pourtant préparé une chambre... Tu ne passeras pas par Valence où les hommes de Hans et de Henner t'attendent avec une impatience frémissante. Compte sur moi pour brouiller ta piste et la mienne et pour donner le change à ceux qui te guettent en chemin, sur tes intentions et ton voyage.

Ah ! ah ! du sport encore ! Je prends des dispositions conformes à la situation : j'annonce publiquement que, profitant du déplacement de la voiture d'un officier de la 35ᵉ division internationale, je quitterai Albacete *demain midi*. En réalité, je dis adieu à la base dès les premières lueurs du jour. À dix heures, C... et moi traversons Valence. Je couche à Tarragona, et, le lendemain, j'atteins Barcelone. Mes papiers pour franchir la frontière étant en règle, j'évite de passer aux bureaux militaires. À Barcelone, j'apprends que Stéfanovitch, chef des S.I.M. sur le front d'Aragon, m'a suivi de Valence à Barcelone, sans parvenir à me rejoindre. Je n'aurai donc pas à m'expliquer avec lui... Cela vaut mieux à tous les points de vue !

Ce n'est qu'à mon retour en Espagne, plus tard, que j'apprendrai la dernière « bombe » lancée contre moi par les chers et tendres Spartakistes de mes relations. Le mécanisme en était assez ingénieux. Ils avaient répandu le bruit que j'emmenais avec moi, en France, un important personnage, qui s'était subrepticement glissé dans les rangs des Volontaires mais qui, démasqué, avait été astreint à la « résidence forcée » en Espagne.

C'est donc sous l'accusation — impudemment fausse — d'avoir préparé et favorisé cette évasion qu'on devait me déférer au conseil de guerre qui, lui, se serait emparé de mon cas et, sans s'embarrasser de formes juridiques, m'aurait appliqué les sanctions en usage chez messieurs Staline et Cie, pour des crimes du genre de celui dont j'étais *a priori* convaincu.

Paris !... Je retrouve le « gros Maurice », je retrouve Leblanc. Tous deux sont avertis de mon arrivée. Je leur remets, d'ailleurs, le « firman » du Comité en Espagne, qui m'accrédite auprès d'eux, en qualité de conseiller technique, aux fournitures militaires en Espagne.

— Pour commencer, me disent ces messieurs, tu réceptionneras le matériel que nous avons déjà acheté.

J'inventorie, en conséquence, un lot formidable de jumelles, télémètres, niveaux d'artillerie, entreposés dans un local de la cité Paradis. En bloc et en détail, tout cela ne vaut pas tripette et est à peu près inutilisable aux armées. La « firme Leblanc » se préoccupe bien peu des réserves que je crois utile de faire sur le matériel en question. Ordre m'est donné d'expédier sans délai le tout en Espagne, en même temps que des chaussettes de coton et des chemises de toile. Ces deux « dernières denrées » ont été fournies par les services « L'Aide à l'Espagne », service qui fonctionne à rendement maximum, à la satisfaction et pour le seul bénéfice de la Société : « Maurice, Leblanc, Gang Ltd Cy ». Ces satanés coquins se foutent éperdument de savoir si les grosses de jumelles, qu'ils ont achetées à prix de solde chez un Polono-Lithuanien de leurs amis et facturées à un taux indécent, serviront ou non aux besoins de l'armée internationale. C'est aussi le cadet de leurs soucis de se préoccuper de l'usage que feront les Volontaires des chaussettes de coton translucide, et des chemises pelures, vieux fonds de magasin, mais cotées au maximum par les acheteurs de la firme, dûment stylés.

Les bureaux parisiens du Parti déploient une activité débordante : agitation toute verbale, coups de gueule, interminables laïus, controverses talmudiques ou byzantines. Les grands chefs savent pourtant s'évader des conférences qui s'égrènent au long des heures du jour et de la nuit. À temps voulu, ils s'enferment à deux ou trois (qui s'entendent comme larrons en foire) pour des réalisations tangibles et monnayables.

Quant à moi, je ne fiche à peu près rien. Des journées entières, j'attends des ordres et du travail. Alors, j'observe en silence. Sous mes yeux, passent et repassent une multitude de gens. Chaque jour, je dénombre de nouvelles têtes, mais tous ont deux signes communs : 1° ils portent uniformément des noms cent pour cent français (Les Dubois, Durand, Martin, Leroy défilent en quantités industrielles et j'imagine que leurs papiers sont eux aussi cent pour cent français.) 2° tous sans exception arborent des gueules soit balkaniques, soit russes, soit spartakistes... La France est bigrement prolifique, quoi qu'en disent les statistiques démographiques !

Si la Sûreté générale française, section du contre-espionnage, le voulait bien — mais elle ne veut pas, c'est évident ! —, quel joli coup de filet elle accomplirait en priant les Dubois, Durand, et *tutti quanti*, qui fréquentent rue La Fayette, de s'expliquer entre quatre murs et sans témoins...

Voilà quinze jours que je « navigue » à Paris, entre les bureaux du Comité central et mon domicile. Quinze jours que je caresse l'espoir de remplir enfin mon rôle de conseiller technique en questions militaires. Cette fois, je me suis pleinement rendu compte que « ça ne colle pas du tout » entre Maurice, Leblanc et moi-même. J'ai négligemment déclaré à ces bonzes que je trouvais parfaitement ridicule et vain de réceptionner un matériel et des fournitures qu'ils avaient, non seulement achetés, mais déjà payés, tandis qu'à mon humble avis, ainsi d'ailleurs que cela se passe dans les tractations commerciales courantes, il fallait vérifier et réceptionner avant de payer. Ma réflexion, faite sur un ton candide, a le don de mettre en boule les copains Maurice et Leblanc. Mon compte est réglé. Je ne moisirai pas dans le secteur de ces messieurs... Et pan ! dix-sept jours après mon arrivée, en plein mois de décembre 1937, je reçois l'avis impératif de repartir une nouvelle fois dans la péninsule.

Prêt à boucler ma valise, tandis que je vais rue La Fayette prendre congé de mes chefs et de mes collègues occasionnels, je tombe sur André Marty, qui arrive de Russie, et passe par Paris, avant de rejoindre Albacete. Il est naturellement au courant de la situation en Espagne, et en particulier des décisions du gouvernement républicain quant à la subordination des unités internationales au commandement des forces républicaines. À brûle-pourpoint, Marty me demande de prendre le commandement de la division *La Marseillaise* en remplacement de Dumont, qu'on se décide enfin à débarquer. Je réponds que j'accepte ce commandement, sous la réserve absolue que j'aurai toute liberté pour constituer à ma guise mon état-major.

— Entendu, rétorque Marty, tu me présenteras la liste des officiers que tu désires t'adjoindre, avec un rapport concomitant, dès mon arrivée en Espagne.

J'avoue être stupéfait de l'offre de Marty, et j'en cherche les raisons... En attendant, je n'ai plus qu'à prendre congé.

Me voici encore une fois de l'autre côté des monts. Les routes France-Espagne, et vice-versa, n'ont plus de secrets pour moi.

Aussitôt débarqué, je fais mon rapport, et prépare le tableau nominatif de mon état-major de division. Il comprend des officiers français de métier, alors en résidence à Valence. Je ne me fais pas d'illusions exagérées sur l'accueil réservé à mes propositions. Bien au contraire, je suis plutôt enclin à croire qu'on n'acceptera pas un seul officier français dans les unités internationales, mais je ne modifierai pourtant rien de mes propositions entêtées.

À Albacete, en l'absence de Marty, on me fait savoir que je suis désigné pour organiser à Barcelone la base de ravitaillement des Internationaux. La décision a été prise sans que Marty ait eu son mot à dire. Je me garde bien, par ailleurs, de discuter l'ordre qui m'est donné, car j'apprends, entre temps, que je rencontrerai Marty à Barcelone, où je me rends par les voies les plus rapides. J'ai là une entrevue avec le Grand Chef, qui délaisse Albacete, et installe son G.Q.G. dans la métropole de la Catalogne. Je lui demande ce qu'est devenu « son » projet concernant la division *La Marseillaise*. Marty me répond qu'il a lu mon rapport, qu'il l'a soumis au Comité et au commandement général de l'armée, mais qu'il a essuyé un échec total. Les services des cadres, paraît-il, se sont véhémentement opposés à la nomination des officiers d'état-major choisis par moi, parce qu'ils n'ont aucune confiance dans les officiers en question.

— Au reste, ajoute André Marty, ce sont désormais les généraux espagnols qui assureront le commandement des unités internationales, et je suis contraint d'abandonner mes projets, concernant la division *La Marseillaise*.

Je m'attaque donc à l'organisation, à Barcelone, du ravitaillement de toutes les forces internationales. En même temps, à la demande de l'état-major espagnol, je mets sur pied un projet de répartition entre toutes les unités républicaines et internationales du « Secours International » jusque-là réservé uniquement aux Volontaires. À l'abri de mes nouvelles fonctions, il m'est loisible de reprendre la liaison avec mes « Légionnaires ». Les usines, établies sur la côte, vont recevoir nos « soins vigilants » qui vont réduire leur activité à sa plus simple expression.

Nous en sommes à la période des préparatifs de cette nouvelle « organisation » lorsqu'un de nos « Légionnaires », imprudemment confiant, se fait brûler par un agent féminin du Guépéou. Arrêté à Lérida, soumis à un interrogatoire digne de l'Inquisition, il laisse échapper certaines paroles, qui incitent à supposer que l'organisation de sabotage a ses racines dans les services que je dirige. Immédiatement, une formidable surveillance s'exerce contre moi. Il n'est pas un de mes actes, pas un de mes déplacements qui ne soient épiés ; pas une de mes paroles qui ne soit rapportée en haut lieu, passée au crible. Je suis désormais un paria, aux yeux de Marty et de l'état-major des forces internationales. Le dénouement approche à pas de géant.

Un conseil de guerre se réunit à Barcelone. Le général spartakiste Gomez me fait connaître que mon activité en Espagne inquiète les dirigeants du Parti. On inscrit à mon passif les relations plus que suspectes que j'ai entretenues avec certains membres du gouvernement Prieto. On m'accuse aussi d'avoir été l'animateur, sinon l'auteur, de certaines disparitions de membres notables du Parti. Le général me communique enfin que, dès maintenant, je suis astreint à la « résidence forcée » dans Barcelone. Je sais ce que cela veut dire. Le même jour, en effet, dans un bureau de la délégation des brigades internationales de la Calle Sicilia, grâce à un micro installé par un de mes « amis » dans la salle où se réunissent les commissaires de Guerre du grand état-major, j'apprends que je dois être exécuté le soir même. Il est « moins cinq » que je quitte le climat espagnol. Ainsi soit-il ! Évanouissons-nous !

J'arrive à Figueras le soir. Ma disparition n'y est pas encore signalée. Par chance, je rencontre en ville l'ex-commissaire limogé Eloy.

J'ai toujours entretenu de bonnes relations avec lui. De nationalité espagnole, membre du Parti communiste, il occupait précédemment le poste de choix de « commandant de la place de Figueras ». Il avait alors l'oreille des dirigeants. D'origine extra modeste, puisqu'il était simple aide-maçon dans la région parisienne, avant l'aventure d'Espagne, Eloy, en considération de la pureté de sa foi, avait été élevé au grade de « gouverneur de la base internationale de Figueras ». Grisé par son ascension verticale, il avait commis là pas mal d'excès. Il fut, par exemple, un des plus certains profiteurs du « *cambio* » magique, dont les Volontaires furent les non moins certaines victimes. Sa femme faisait un insolent étalage de bijoux. Sa famille, comblée de présents et d'argent, se la coulait douce. Sa table était magnifique. Il avait stocké de formidables réserves de toutes choses. Comme tous les primaires, il avait, sans aucune mesure et sans aucun discernement, « profité avec... »

Eloy me redoutait, je ne l'ignorais pas. Ma présence aux abords de la frontière lui donnait à penser que je n'y venais pas uniquement pour réorganiser la base de Figueras, mais pour donner le coup de pouce fatal à la surveillance et à la suspicion dont il était l'objet. À sa disgrâce, je n'avais aucune part. Tout au contraire, bien que connaissant ses défaillances, je l'avais défendu devant le Comité, en faisant ressortir la disproportion existant entre ses origines d'ouvrier maçon et la haute fonction dont, sans aucune préparation, on l'avait investi. Il ne pouvait résulter à mon sens d'une telle « antinomie » que des « déboires » de part et d'autre. À la suite de mon intervention, Eloy, qui aurait pu être fusillé, n'avait été que limogé.

C'est dans ces conditions qu'il se trouve sur mon chemin tandis que, disant adieu à Barcelone, je fausse compagnie à la meute des agents de la Tchéka, lancée sur mes traces.

Eloy apprend de ma bouche qu'il n'a vraisemblablement pas à redouter le pire. Aussi, lorsque je lui demande de me conduire, toutes affaires cessantes, jusqu'à la frontière où je dois remplir une « mission secrète et grave », m'emmène-t-il sur l'heure dans sa voiture.

Au poste espagnol frontière, je quitte Eloy en lui disant que je vais porter un télégramme au Perthus... et que je reviens... Il m'attend encore !

Passage à la douane française ; arrêts aux divers postes de gardes mobiles... Perpignan !... J'ose espérer qu'Eloy a fait demi-tour. Nous ne devions plus nous rencontrer, bien que je l'aie frôlé, quelques mois plus tard. Mais il ne me vit pas, et je jugeai inutile de l'arrêter au passage.

Le rapide m'emporte vers Paris. J'ai passé par une chaude alerte. Être classé « suspect » en territoire rouge est une situation très peu recommandée aux âmes sensibles.

« Souviens-toi, me disais-je, tandis que les bornes kilométriques défilaient, de Pozo Rubio et de ton excellent camarade Roblet. »

Au bercement du train, je me représente la fureur de Marty contre ses sbires qui m'ont laissé échapper. Encore Marty ne connaît-il certainement pas le rapport que le général Gomez est en train de dresser sur mon « activité en Espagne ». Mais sa haine contre moi a déjà trop de raisons de se donner libre cours. Ne m'a-t-il pas honoré de sa confiance ? Ne sollicitait-il pas mes avis, sur la valeur des chefs internationaux ? Ne tenait-il pas en sérieuse estime les rapports que, à sa demande, je lui avais adressés, à l'issue de quelques opérations de guerre ?... Et je l'avais berné, lui, Marty !... Dans les situations privilégiées que j'avais occupées, j'avais connu les rouages, et pénétré les secrets des forces internationales. J'avais dévoilé les scandales, les vols. Tout cela était pour moi un lourd handicap. Et c'est de tout cela qu'était faite la haine, désormais mortelle, de Marty contre moi.

Je m'attendais donc à de sérieux « accrochages » à Paris, avec la police secrète du Parti, lorsqu'on m'aurait « décrété » d'accusation, pour avoir été « l'instigateur de la désorganisation et du sabotage des services qui m'étaient confiés ».

J'étais pourtant décidé à faire front, et plus encore à attaquer. Aussi, dès mon arrivée dans la capitale, fis-je savoir à « qui de droit » que, si les menaces dont j'étais gratifié ne cessaient pas, si l'on ne me débarrassait pas des « anges gardiens » qui me faisaient escorte toute la sainte journée, j'étais fin prêt à « casser les vitres ».

Oui ! j'étais décidé à n'épargner personne, Marty y compris. Je dévoilerais au grand jour, non seulement ce que mes oreilles avaient entendu, ce que mes yeux avaient vu, mais, preuves à l'appui, toutes les turpitudes, les malversations et les escroqueries des grands souteneurs du Parti en Espagne.

À la suite de ce « rush », des ordres furent donnés de me laisser tranquille. En échange de quoi, je ferais le mort... une fois de plus... Les pontifes et moi-même avions intérêt, à ce moment, à taire nos querelles. La polémique n'aurait servi à personne...

Mais je ne devais pas rester longtemps hors de la mêlée !

Dans les rues de Paris, je rencontrais nombre d'affiliés au Parti. Ils avaient autrefois, dans leurs cellules, entendu chanter mes louanges, sur le mode majeur. Maintenant, on leur chantait, sur les mêmes modes majeurs, que j'étais bon à jeter à la poubelle ! Les uns, respectueux des consignes données par les Hautes Puissances du Parti, me considéraient aujourd'hui comme un pestiféré, et m'évitaient ostensiblement. D'autres, au contraire, n'acceptant pas, sans inventaire, l'ostracisme dont j'étais l'objet, refusaient de se prononcer sans connaître, depuis A jusqu'à Z, les fautes et crimes qu'on m'imputait.

À ces sceptiques, j'offrais des explications toutes prêtes :

— Camarades, leur disais-je, vous voulez savoir pourquoi j'ai subitement perdu la confiance du grand état-major en Espagne ? La question serait mieux posée, si vous me demandiez la vérité sur la situation des troupes internationales dans la péninsule. On m'a reproché ma brutalité, mon intransigeance envers et contre tous, et surtout l'aigreur tenace que j'ai manifestée contre ceux qu'on voulait présenter comme les « lumières » du Parti. J'ai dit là-bas — et je le répète ici — que, à la tête des brigades internationales, se trouvaient ou des gangsters, ou de sinistres incapables, témoins : Kleber, Walter, Gomez, Dumont, pour n'en citer que quelques-uns. Je n'ai cessé de répéter en France — et dénonce encore en France aujourd'hui — les scandales des bureaux internationaux, presque tous aux mains d'aventuriers accourus en Espagne, non pour se sacrifier à un idéal, mais pour se goberger aux frais du peuple : en l'espèce, les Volontaires. J'ai crié sur tous les toits en Espagne — et suis prêt à crier en France — que les ignominies, dont les chefs communistes se sont rendus coupables sur la terre ibérique, avaient eu une répercussion terrible sur le moral, la santé et la foi des Volontaires.

Je dois dire que ces quelques brèves déclarations « portent » sur mes interlocuteurs, parce que, devant ces hommes sans détours, je parle un langage simple et direct. Certains d'entre eux sont restés pour moi de précieux amis.

L'esprit combatif qui me possède m'incite bientôt à pousser plus loin mon offensive. C'est ainsi que je médite d'écrire dès maintenant un réquisitoire, solidement étayé, contre les chefs du Parti, délégués en Espagne. J'annexerai à cet acte d'accusation tous les documents prouvant l'œuvre catastrophique et néfaste des Bolchevistes sur la terre ibérique.

Le quartier général communiste à Paris qui vient de transporter ses pénates dans un vaste et somptueux immeuble, carrefour Châteaudun (immeuble payé comptant !), est informé de mes intentions d'écrivain. Pour me faire pièce, il fait donner « sa garde » et commence contre moi, dans les milieux fréquentés par les « camarades », une sourde campagne de malveillance.

Je suis accusé de toutes sortes de compromissions, mais on se garde bien de donner des précisions... et pour cause... Réflexion faite, je remets à plus tard la parution, en librairie, du « réquisitoire et des documents connexes ». J'ai besoin de ventiler sérieusement mon carnet de notes, d'inventorier mes dossiers, de manière à jeter une clarté absolue sur la tragique guerre d'Espagne. Il y a d'ailleurs mieux à faire en ce moment. Le service actif me réclame.

Je savais bien que, malgré le désastre, malgré les fautes et les crimes commis, l'armée rouge d'Espagne représentait encore une force, et même une puissance. C'est en connaissance de cause que j'emploie le mot de *puissance*, car les éléments communistes intégrés dans les forces de la République espagnole représentaient, pour ces dernières, un soutien moral de grand poids. Leur valeur militaire pesait en effet fort peu, mais leur présence stimulait singulièrement le courage des unités républicaines, en leur communiquant, par osmose, ce fameux « esprit de corps » qui demeure un des dogmes essentiels de l'armée. Les soldats républicains avaient à cœur de surpasser les Internationaux, et c'est ainsi qu'on peut vraisemblablement expliquer que certains régiments républicains aient fait montre d'une admirable vaillance.

Sur le tableau opposé de l'échiquier — celui qui intéresse les « Légionnaires Tricolores » —, l'exaltation des qualités combatives dans les rangs de l'armée républicaine risquait de devenir dangereuse, en ce sens qu'elle prolongeait une lutte fratricide, et entretenait à la frontière française un danger permanent d'incendie. Le Front populaire aidait (il ne faut pas l'oublier), le matériel de guerre français roulait chaque jour, par trains entiers, vers l'Espagne républicaine. Il n'y avait donc pas de temps à perdre, si j'entendais mener, jusqu'à sa conclusion, ma « mission » et celle de mes « Légionnaires ».

J'avais des amis à Barcelone qui m'avaient ménagé des intelligences dans la grande et mystérieuse cité. J'étais au courant de la lutte qui se déroulait, âpre et sournoise, entre Républicains et communistes. Le président du Conseil espagnol, Negrin, était prisonnier de la clique extrémiste, tandis que son entourage était de plus en plus enclin à arrêter la lutte atroce, qui divisait l'Espagne en deux camps farouchement ennemis.

La bonne politique était donc de saisir l'occasion aux cheveux, c'est-à-dire de jeter le désarroi dans le camp gouvernemental, avec un but nettement fixé : liquider les forces internationales, en en expulsant du sol espagnol les unités, rendues sans conteste responsables de la prolongation de l'horrible guerre civile.

Programme excellent, mais qui se présentait, dans l'exécution, hérissé de traverses. Il importait, en effet, que je pusse me rencontrer avec les chefs républicains. Il me fallait en premier lieu venir à Barcelone. C'était risquer gros. Les couloirs des bureaux ministériels n'étaient point très sûrs. Derrière chaque tenture, dans chaque cabinet, se dissimulait une mitraillette. Et j'étais trop « désavantageusement » connu des innombrables secrétaires communistes, qui pullulaient dans les services gouvernementaux...

Je me creusais donc la tête pour trouver le « joint » qui me permettrait d'entrer dans le « cirque »... Or, c'est mon « incorrigible ami » — André Marty —, qui allait m'apporter la solution si ardemment cherchée.

Résumons cette histoire :

Dans une lettre adressée à cet illustre Marty, je justifiais mon attitude au cours des derniers moments que j'avais passés en Espagne. J'annexais à ma lettre un « appendice » de choix : la copie d'un rapport destiné au Comité central du Parti communiste. Dans ce rapport, qui ne s'embarrassait pas de métaphores, je mettais froidement en accusation, avec les chefs français, une pléiade de généraux envoyés de Moscou pour commander aux troupes internationales, ainsi qu'un boisseau de « responsables » cueillis dans les services de l'armée bolcheviste en Espagne... Avec un rigorisme dépouillé, je dressais une liste d'assassinats, de vols, d'escroqueries à tiroirs, qui s'inscrivaient en lettres de feu sur le front des coupables.

Le libelle machiavélique que j'envoyais à Marty ne lui laissait pas ignorer que je savais le rêve suprême de ses frères en bolchevisme : s'emparer des leviers de commande du gouvernement républicain, et, sitôt dans la place, exécuter les chefs républicains, par fournées, jusqu'à extinction.

Or, la superbe missive que j'adressais à Marty, ainsi que le croustillant rapport annexé devaient avant d'atteindre leur destinataire, subir les feux de la censure postale militaire. Mes « papiers », stoppés par les censeurs espagnols, causèrent, on l'imagine, un émoi de l'ordre du tonnerre. Aussitôt alertés, les bureaux du président Negrin prirent, à leur tour, connaissance de mon « testament » et de son « codicille » avant son ayant droit et légataire André Marty.

Lorsqu'enfin Marty entra en possession de mes documents, il mesura d'un seul coup le « swing » que je lui assenais, et ses suites conséquentes... Il ne douta pas une minute que j'eusse manigancé sciemment une « sale combinaison » de manière à ce que les chefs républicains fussent au courant de ses canailleries et de celles de ses états-majors. Afin d'éviter une catastrophe, qui allait, non seulement l'atteindre lui-même, mais aussi l'ensemble de ses fidèles « licteurs », il allait prendre sur le champ des décisions foudroyantes.

Puisque les scandales, crimes, malversations et autres saletés de la même famille sont désormais étalés sur la place publique gouvernementale de l'Espagne, môssieur l'Inspecteur général Marty jouera le tout pour le tout. Justicier implacable, il met en branle les cours martiales. Têtes de coupables avérés, têtes des pâles défaillants, têtes des simples comparses, tombent à une cadence accélérée.

Quelques Éminences, fort compromises, informées à temps, et peut-être par l'entourage de Marty lui-même, prennent le large... Déjà, il n'y a plus de généraux à la tête des grandes unités divisionnaires. Quant à la troupe, désorbitée, qui cherche des chefs absents ou disparus, elle crie à la trahison.

Pendant ce temps, dans les bureaux du président Negrin, on prépare les décrets d'expulsion des unités internationales.

Ainsi donc, bien avant la grande offensive, menée depuis mai 1938, jusqu'à la victoire libératrice finale, par le général Franco, règne de l'autre côté de la barricade une anarchie folle. On compterait aisément les unités internationales encore à peu près constituées. Des bataillons squelettiques de Volontaires s'égrènent le long des routes : files ininterrompues de traînards, qu'il faut pousser en avant, revolvers dans le dos.

Pour nous — « Légionnaires » —, il nous fallait précipiter une décomposition qui, malgré tous les symptômes les plus aveuglants, menaçait de durer trop longtemps.

Malheureusement, les conditions dans lesquelles je pouvais actuellement « travailler » n'étaient plus les mêmes qu'autrefois, alors que, en place dans un poste important de l'armée, il m'était permis d'opérer à coup sûr et rapidement... J'avais en outre à rétablir les liaisons indispensables avec mes « Légionnaires » restés dans les brigades. Reprendre le contact était donc de la première urgence !

D'octobre 1936 à août 1937, notre activité « légionnaire » s'était confinée dans la « désagrégation intérieure » par le canal du sabotage des armes, des munitions et des transports. Ce qui avait été réalisé, eu égard à l'effectif réduit de mes adhérents et sympathisants, représentait un indéniable « succès ». Mais ce succès était-il aussi essentiellement fonction du plus ou moins grand développement de la bataille. C'est seulement dans des « actions d'envergure » que notre « organisation » pouvait témoigner de son « rendement ».

Il n'est pas niable que l'état-major républicain aidait indirectement à la « bataille » spéciale que menaient mes « Légionnaires », puisqu'il ne concevait aucune opération d'importance — offensive ou défensive — sans le concours des forces internationales. J'ai déjà dit le stimulant que la présence des Internationaux à leurs côtés provoquait dans les unités républicaines.

Mêlés aux multiples services de l'arrière — train de combat, intendance, transports —, les « Légionnaires Tricolores » opéraient avec une aisance relative. Leur effectif maintenant était bien amenuisé. Ce qui ne les empêchera pas d'ailleurs de réaliser quelques prouesses !

RETOUR EN ESPAGNE

EN France, la propagande proespagnole se déchaîne furieusement. Des théories de camions publicitaires promènent à travers villes et villages d'immenses panonceaux : « Sauvons l'Espagne !... Des vivres !... Des armes !... Des munitions !... pour nos frères en lutte contre le Fascisme ! »

Ça, c'est la façade !... le gobe-mouches à l'usage des couillons de Français !... Derrière ces panneaux de carton ou de toile, c'est l'hydre immonde, le Bolchevisme international, tapi dans l'ombre, et qui poursuit inlassablement sa malfaisance purulente.

C'est dans l'un de ces camions publicitaires que je suis arrivé à Barcelone. J'ai tout naturellement évité de me montrer, le soir de mon arrivée, sur la « Rambla ». Trop de messieurs de la Tchéka fréquentent la célèbre promenade. Je ne « m'en ressens pas » pour me rencontrer avec ces individus sinistres. Mes amis m'ont préparé un gîte à Horta, où je les rejoins. Nous avons des décisions importantes à prendre, mais, à aucun prix, je ne dois « moisir » dans le patelin. Si l'on soupçonnait ma présence à Barcelone, l'alerte serait immédiatement donnée dans les services des brigades internationales. Très peu pour moi !...

Je passe donc, en tout et pour tout, une nuit sur la terre barcelonaise, en ce mois d'août 1938. Unanimement, nous décidons, mes « Légionnaires » et moi, de poursuivre le « combat ». Seulement, il nous faut nous « adapter » aux nouvelles circonstances, puisque, nous le constatons une fois encore, le fait que nous n'occupons plus dans les services de postes importants nous oblige à modifier toute notre tactique. Nos « rangs » aussi se sont éclaircis. Il y a eu des « disparitions » d'amis, de délégués, de sympathisants, pour des motifs variés et pour des raisons diplomatiques sérieuses. Plusieurs des nôtres, officiers de l'état-major, ont été fusillés sur les ordres d'un Walter, d'un Gomez, d'un Hans, d'un Dumont, commandants des 11e, 12e, 13e, 14e brigades internationales. Il ne faut pas songer présentement à combler les vides creusés dans nos propres rangs.

Il ne faut pas espérer davantage essayer de remplacer ceux qui ne sont plus aux postes périlleux et sélectionnés qu'ils occupaient, postes qui réclament des techniciens, des hommes de métier.

Cependant, dans la situation très critique où se trouve actuellement l'armée internationale. Il n'est pas indispensable que nous ayons un réseau « d'intelligences » aussi touffu qu'autrefois dans les brigades, pour obtenir des « touches ».

Nous allons donc nous limiter en profondeur : en nous contentant de fortifier nos « postes d'écoute » dans les services internationaux, par exemple dans les services de santé, aux délégations des brigades de la Calle Sicilia, à celle de la Rambla Volard, dans les officines politiques de Luigi Longo, et dans les principales bases transférées en Catalogne après l'abandon (en forme de fuite) d'Albacete.

Nous créons un labyrinthe d'informations, relié à l'état-major du général Franco, qui lui fera tenir de précieux renseignements sur les forces républicaines, au moment où, après avoir coupé la Catalogne du reste de l'Espagne, le général préparera de dernière main la grande offensive qui libérera sa patrie.

Installé à Perpignan, j'y centralise tous les « tuyaux » recueillis journellement par nos « ingénieurs légionnaires ». Délicieuse ironie ! c'est la voiture postale du Parti communiste qui m'apporte régulièrement le courrier des « nôtres ». Si jamais le fonctionnaire espagnol Martinez, conducteur postal, et qui n'a jamais failli à sa « mission » envers moi, lit quelque jour ces lignes, j'imagine qu'il en aura une jaunisse rétrospective !

Pendant des semaines et des semaines, il a véhiculé dans sa bagnole soviétique les documents « légionnaires » qui ont puissamment aidé à la débâcle de ses « patrons ». Il a tout apporté avec un zèle qui ne s'est jamais démenti : états des effectifs, états des armements, situation des dépôts et magasins, emplacements des unités sur le front, mouvements des troupes. Si, quelque jour, je trouve l'occasion de rencontrer le général Franco, je rappellerai à sa reconnaissance le « dévouement » de Martinez. Cet homme mérite de la part du Caudillo une bonne récompense.

Notre service de renseignements une fois bien en main, et les transmissions utiles assurées, nous nous attaquons à la tâche autrement dangereuse des sabotages en grand et des destructions massives, la seule qui puisse précipiter les événements. En effet, si la situation des armées républicaines et rouges devient, chaque jour, plus précaire et plus tragique aussi, si la misère du peuple d'Espagne augmente, les chefs, qui croient encore au miracle de dernière heure, les communistes et les anarchistes, se refusent à tout compromis. Tous, y compris le gouvernement Negrin, prisonnier des extrémistes, iront jusqu'au bout... de la catastrophe. Leurs intérêts sont en jeu, et ces intérêts sont de taille...

Pour opérer au cœur de la place, je m'installe donc dans les environs immédiats de Barcelone, et lance à mes « amis » un ordre général de sabotage à outrance. Nous usons de la vieille méthode qui nous a donné de si parfaits résultats à Madrid, à Morata de Tajuña, à Lopera... Les mitrailleuses ne rendent plus... que leur âme... Les canons éclatent aux premiers obus... Les camions crachent leurs piétons...

Le général anarchiste Modesto, ci-devant charpentier de son état, se rappellera-t-il, en lisant le petit couplet ci-dessus, le sort qui advint à son artillerie dans les combats de la boucle de l'Èbre ? Et notre seconde « vieille connaissance », l'autre général anarchiste Péréas, chef des superrouges, ne se souviendra-t-il pas des accès de rage folle dont il fut possédé devant les innombrables destructions de matériel qu'il enregistrait chaque jour ? « Cette nom de Dieu de cinquième colonne, hurlait-il, me paiera les saloperies qu'elle commet, ou j'y perdrai mon nom ! » Cinquième colonne ! tu rigoles, Péréas ! Quant à ton nom, nul ne le « perdra » car... tout le monde sait ce que tu vaux !

Dire que l'effort que nous soutenions n'allait pas sans casse sérieuse serait le contraire de la vérité. Nos « Légionnaires » étaient, par nécessité, « dans le bain » jusqu'au cou, et même plus. Ils étaient de tous les coups durs, et lors des plus sévères attaques des Franquistes, ils écopèrent ferme, frappés par les obus ou les balles de ceux qu'ils avaient renseignés et dont ils avaient préparé le succès. Je ne parle pas, sauf pour honorer leur mémoire, de ceux des « nôtres » qui furent zigouillés par les Rouges, rançon du terrible « métier » qu'était le leur.

Maintenant, de tous côtés, des « craquements » sinistres se font entendre aux bons endroits. Les états-majors perdent pied. Le ravitaillement ne se fait plus pour ainsi dire. La production de guerre est tombée à zéro. Un jour, c'est une mutinerie dans les unités républicaines ; le lendemain, c'en est une autre du côté international. À tour de rôle, Républicains et Internationaux viennent « rétablir l'ordre » — c'est-à-dire procéder à des exécutions sommaires — chez les « copains ». On s'entre-tue... en famille.

C'est l'heure de Franco... Le général avance en Catalogne, et sa marche est une « promenade ». La fameuse « ceinture de fer » qui, au dire des chefs rouges, faisait de Barcelone un « réduit inexpugnable » cède sans coup férir, car la « ceinture » en question n'est qu'un bluff, du même gabarit que les centaines d'autres inventées à la cadence des heures par les révolutionnaires professionnels. La « ceinture de fer » de Barcelone et les « abris bétonnés » de Madrid de 1936 ? deux mensonges « *hénaurmes* » comme dirait le Père Ubu...

Le gouvernement Negrin songe, cette fois, à boucler ses valises, « rapport » aux milliards du Trésor espagnol, dont il ne veut pas se séparer ! Quitter l'Espagne, passe encore, mais laisser le fric, fichtre, vous n'y pensez pas ! De quoi ces messieurs vivraient-ils demain ?... Un bon père de famille a le devoir de penser aux siens... Negrin n'y manque pas !

Voilà que les bombes tombent en plein Barcelone. Et puis, les obus ! Ça sent mauvais... pour tout le monde... Nous aussi, nous devons nous éloigner avec les déchets des Internationaux... Sur la route, entre Figueras et Gérone, voici S.M. en déliquescence l'Inspecteur général André Marty. En ces heures désespérées, il trouve encore le temps de commettre une odieuse palinodie : au mépris de la signature donnée, il donne l'ordre de « remettre en ligne » les quelque trois mille Volontaires stationnés à Gérone, et qui étaient en instance de départ pour la France !... De ces trois mille, un cinquième à peine échappera à la mort. Mais il manquait ce fleuron horrible à la gloire sauvage de Marty, car ces trois mille « Soldats de la Liberté » constituaient la « Garde » de l'Inspecteur général. Le « dernier carré »... « La garde meurt ! » criait splendidement Cambronne à Waterloo, mais Cambronne lançait son apostrophe sublime au milieu de ses grenadiers... Marty ordonna à sa « garde » de se sacrifier, tandis qu'il filait à toute vitesse... vers la France ! Quelle aberration l'a poussé par la suite à oser défiler dans les rues de Paris avec ce qu'il appelait les « débris de la Grande Armée rouge » ?... Les morts de Gérone ne l'étouffaient-ils donc pas ?

Perpignan !... Nous nous comptons, nous aussi, « Légionnaires »... Nous sommes trois, pas un de plus, la dernière demi-escouade des « nôtres » !... Cette fois, il nous faut user de ruses de Sioux pour franchir la frontière. Le gouvernement français a attendu la grande débâcle pour s'apercevoir qu'il y avait encore des Pyrénées !

Le train roule vers Paname... emportant un lot d'Excellences rouges, carrées sur les coussins... C'est, à peu de chose près, le « gratin » des hauts fonctionnaires du Parti en Espagne... Il regagne Paris, devenu « ombilic » de la Révolution, en marche... arrière.

Ils sont sans peur, sûrs d'eux-mêmes... « Nous avons fait une expérience, disent-ils en chœur, en parlant de la guerre d'Espagne. Nous savions que les forces coalisées du Fascisme et du Capitalisme mondial nous battraient, mais nous avons voulu simplement "tâter le pouls" de nos adversaires... Nous avons déjà tiré la leçon des événements... et bientôt, les puissances mauvaises verront... ce qu'elles verront ! »

Ils n'abdiquent pas, les misérables !... Ils demeurent les mêmes comédiens de la mort inutile ! En mémoire, me reviennent les anathèmes que lançait déjà, en 1936, le Marty, mutin de la mer Noire : « Nous voulons la guerre partout ! À nous de provoquer sans cesse et sur tous les fronts des incidents !... Semons partout la haine !... Partout fomentons des révoltes !... Mettons surtout le gouvernement français dans l'obligation d'intervenir. »

C'est sur le gouvernement français qu'ils ont toujours compté pour prendre la tête de la « danse macabre » dans laquelle ils voulaient entraîner l'humanité !... Hélas ! ils n'ont que trop bien réussi : la France mesure aujourd'hui l'immensité de l'abîme dans lequel elle s'est laissée enfoncer, à leur suite... Oui, la guerre d'Espagne n'était *pour eux* qu'une « expérience »...

Je devais revoir une fois encore Marty, à Paris. Je venais lui demander quelques « explications » qui, dans ma pensée, étaient une « sommation » pour reddition de comptes...

Ce fut une entrevue bien « discrète »... Elle se déroula dans la loge du concierge de son immeuble... Nous étions loin des « apparats » d'Albacete ! Comme je regrette de n'avoir pu prendre alors un cliché du personnage !... Il était toute peur et toute humilité. Monsieur l'ex-Inspecteur général... Il n'osa pas me recevoir en tête-à-tête... Dans un coin de la loge, une femme — la maîtresse du monsieur — assistait à notre confrontation... Je le laissais parler, et lancer aux murs muets et impavides quelques phrases redondantes... Je rigolais de sa « trouille »... Pensait-il que je venais me payer, sur sa peau, de l'assassinat de Delasalle, qu'il m'attribuait comme un des « nôtres » ?

Marty, mon ami, tu n'es vraiment pas « à la page »... Dans les gazettes à ta dévotion, tu pousses un cri de guerre contre moi, et tu me dénonces comme le « grand destructeur des armées républicaines »... Tu m'accuses aussi d'être l'animateur et l'instigateur d'un immense complot dirigé contre les députés communistes, dont je projetterais l'assassinat en bloc !...

Tu me combles d'honneurs, ignoble bonhomme !...

L'heure des comptes, sache-le, n'a pas encore sonné... ni pour toi, ni pour les criminels de ton espèce... Cette heure point à l'horizon... Tu ne perdras rien pour attendre !

FIN

POSTFACE

« *QUEL roman que ma vie !* » se serait exclamé Napoléon devant Las Cases durant sa captivité à Sainte-Hélène. Cette phrase de 1817, que n'aurait pas désavouée le commandant Pierre Costantini[1], corse et napoléonien, fondateur de la Ligue française[2] et auteur de la préface originale de cet ouvrage, lors

---

[1] Né à Sartène en 1889, Dominique Costantini, dit Pierre, est un des pionniers de l'aviation militaire française. Breveté pilote en 1913 (brevet 1395), il participe à la Première Guerre mondiale dans les escadrilles V 33, puis S 102 au sein de l'armée d'Orient sur le front bulgare. Héros de guerre, il est cité quatre fois à l'ordre de l'armée, est décoré de la Médaille militaire (1915) et est élevé au grade de chevalier de la Légion d'honneur (1916). Abattu et capturé au début de l'année 1917, il parvient à s'évader de son camp d'internement et à regagner la France avant l'armistice. Démissionnaire de l'armée en 1928, il fréquente les milieux ligueurs et anciens combattants. En 1931-1932, il participe à la « mission Centre-Asie » de Citroën connue sous le nom de « croisière jaune ». Commandant du cadre de réserve en 1940, il considère l'attaque anglaise de Mers el-Kébir comme une véritable déclaration de guerre, ce qui le pousse à s'engager plus à fond sur le chemin de la Collaboration. Condamné à 15 ans de travaux forcés en 1952, il n'effectue pas sa peine en raison de son âge et de son état de santé. Il poursuit ensuite une carrière de journaliste aéronautique et d'écrivain. Il meurt en 1986. [Cf. Michèle et Jean-Paul Cointet, *Dictionnaire historique de la France sous l'Occupation*, Éditions Tallandier, 2000.]

[2] La « Ligue française d'épuration, d'entraide sociale et de collaboration européenne », puisque c'est son intitulé complet, est un petit parti collaborationniste, fondé le 15 septembre 1940 par Pierre Costantini. Il ne semble pas que le mouvement ait eu des sections en zone sud, et c'est donc uniquement en zone occupée que se concentrent ses 3 000

de sa parution, colle parfaitement au personnage d'Henri Dupré.

Rien ne destine en effet Henri Dupré à jouer le rôle qui sera le sien en Espagne à partir de 1936. Né en 1895 à Paris, dans le XXe arrondissement, au sein d'une famille modeste, d'un père plombier et d'une mère cartonnière, il est mobilisé dès 1914. Plusieurs fois blessé, devenu sous-officier, son comportement au feu est jugé exemplaire. Après l'armistice, il travaille aux côtés de son père dans la petite entreprise familiale artisanale.

Marqué par quatre années passées au front, il adhère à la SFIO en 1922[1], par pacifisme autant que par une sorte d'atavisme social. Encore que son « socialisme » puisse probablement, dès cette époque, trouver écho chez Drieu la Rochelle, lorsqu'il écrit, alors homme de gauche, pacifiste et européen : « *Il n'y a pas de classes. Il n'y a plus que des catégories économiques, sans distinctions spirituelles, sans différences de mœurs. Les basses classes sont formées des mêmes éléments physiques, moraux, intellectuels, que les hautes classes. Les unes et les autres sont de plus en plus interchangeables. Il n'y a que des modernes, des gens dans les*

---

adhérents, toutes structures confondues (ligue, organisations de jeunesse, section coloniale, etc.). La Ligue française est cofondatrice de la Légion des volontaires français (LVF) en juillet 1941, et est directement à l'origine de la création du *NSKK Motorgruppe Luftwaffe*, une unité technique motorisée au service de l'aviation allemande dans laquelle on retrouvera notamment le jeune Jean-Marie Balestre, futur président de la Fédération internationale des sports automobiles de 1978 à 1991. La Ligue est principalement implantée en région parisienne et à Dijon (où elle compte près de 200 militants) ainsi que dans quelques villes de l'Ouest de la France. Elle dispose d'une organisation paramilitaire, la Milice révolutionnaire française (MRF) et d'un journal, *L'Appel*, au sein duquel un certain Michel Audiard publiera ses premiers textes. [Cf. Pierre Philippe Lambert et Gérard Le Marec, *Partis et mouvements de la Collaboration*, Éditions Jacques Grancher, 1993.]

[1] Jean Maitron et Claude Pennetier, *Dictionnaire biographique du mouvement ouvrier français*, Éditions ouvrières, 1964-1997.

POSTFACE

affaires, des gens à bénéfices ou à salaires ; qui ne pensent qu'à cela et qui ne discutent que cela. [...] L'ouvrier est pourri par la monnaie de son salaire comme le bourgeois par son bénéfice. [...] Il faudrait remuer les cendres des catégories sociales. Rassemblement des restes indépendants de la bourgeoise, voire de la classe ouvrière et des paysans, ce serait l'institution d'un Tiers-Parti, d'un Entre-Deux, qui relèverait les intérêts spirituels entre la masse dominant par l'argent et la masse dominée par l'argent. »[1]

Comment, en effet, pourrait-il se reconnaître dans un socialisme marxiste qui ne conçoit la société qu'à travers le prisme déformant d'un éternel clivage entre classes sociales ? Lui, enfant d'une famille modeste et ayant connu pendant quatre années la fraternité des tranchées bien au-delà d'une lutte des classes qui devait sembler bien vaine en ces moments terribles.

Pour le jeune Henri Dupré, comme pour tant d'autres, s'il n'y a plus de classes, mais seulement des intérêts, alors il faut résoudre les problèmes sociaux par en haut, par une « rationalité » communautaire : c'est le principe tout à la fois du planisme et d'un certain socialisme national. La période est riche, alors, en réflexions, propositions et offres politiques adossées à ces principes. Par ailleurs, si la Révolution bolchevique a été porteuse d'un espoir pour beaucoup d'hommes de gauche, nombreux sont ceux qui ont rapidement déchanté dès les premiers mois et les premières années de l'expérience soviétique. L'expérience de la dictature « réelle » du prolétariat par l'intermédiaire du Parti, les internements et les exécutions sans procès, la mise en place d'un appareil terroriste d'État jamais vu auparavant, la mainmise sans concession du *Komintern*[2] sur les partis communistes occidentaux, tout cela constitue autant de faits qui font

---

[1] Pierre Drieu la Rochelle, *Mesure de la France*, préface de Daniel Halévy, Éditions Grasset, 1922 ; réédition (préface de Franck Buleux), Éditions Pardès, 2017.
[2] *Komintern*, abréviation de *Kommounistitcheskiï internatsional* (Internationale communiste), connu aussi sous le nom de IIIe Internationale.

douter bien des cadres et des militants, non seulement de la justesse de la cause révolutionnaire, mais même de l'analyse marxiste en tant que telle. Un nombre significatif de militants et de cadres du mouvement ouvrier, notamment en France et en Belgique, est alors tenté de revenir à une pensée socialiste non marxiste, plus proche de Proudhon et de Sorel que du père du *Manifeste*.

Par ailleurs, la période voit naître et se développer, d'abord en Italie, puis un peu partout dans le monde, une autre alternative de masse au capitalisme : le fascisme.

La France voit ainsi éclore son premier mouvement officiellement fasciste, le Faisceau, créé en 1925 par Georges Valois[1]. Il rassemble d'anciens royalistes d'Action française, des militants syndicaux, souvent issus des courants anarcho-syndicalistes ou syndicalistes-révolutionnaires de la CGT, des combattants de la Grande Guerre, des industriels, des nationalistes. Mais la situation de la France de 1925 n'est pas celle de l'Italie de 1919. Malgré ses 25 000 « chemises bleues », le Faisceau peine à percer. Conscient de son échec, Georges Valois dissout son mouvement en 1928. Celui-ci explose en deux tendances principales : tout d'abord un Parti fasciste révolutionnaire (PFR)[2], qui entend suivre une ligne directement inspirée du

---

[1] De son vrai nom Alfred-Georges Gressent (1878-1945), il milite d'abord dans les milieux anarchistes et syndicalistes-révolutionnaires. Rallié à l'Action française dès 1906, il se consacre aux questions ouvrières, syndicales et corporatives. Il est, en 1911, l'un des fondateurs du Cercle Proudhon, qui entend réunir maurrassiens et socialistes-révolutionnaires. Certains historiens voient ainsi en lui le premier à poser les bases de ce qui deviendra le fascisme. Fondateur du Faisceau en 1925, il explore ensuite différentes voies non conformistes. Opposé à la Collaboration comme à Vichy, il entre très tôt en résistance. Arrêté, il meurt en déportation à Bergen-Belsen en février 1945. Triste ironie pour celui qui fut le fondateur du premier fascisme français. [Cf. Jean-Maurice Duval, *Le Faisceau de Georges Valois*, Éditions du Trident, 1979.]

[2] Dirigé par le docteur Pierre Winter (1891-1952) ce petit parti est vite

modèle italien, et un Parti républicain syndicaliste (PRS) qui prétend servir de creuset à une gauche révolutionnaire anticommuniste et antimarxiste, héritière du vieux socialisme proudhonien français. Cette petite formation, dirigée par Georges Valois, édite, entre 1928 et 1932 une revue, les *Cahiers bleus*, qui comptera 119 numéros. Elle accueille dans ses colonnes des personnalités issues de la gauche non communiste comme Marcel Déat, Édouard Berth et Bertrand de Jouvenel. La ligne éditoriale de la revue est clairement patriotique et syndicaliste, avec une tendance corporatiste marquée. À partir de 1929, les *Cahiers bleus* commencent à relayer les théories développées par le socialiste belge Henri de Man (1885-1953). Militant socialiste de longue date, appartenant à l'aile gauche, il a dirigé l'école des cadres du Parti ouvrier belge (POB) ainsi que l'École ouvrière supérieure de Bruxelles. La Révolution russe et le régime instauré par les Bolcheviks sont un électrochoc qui provoque l'effondrement de sa foi marxiste. Tout en restant adhérent et cadre du POB, il se met à développer une théorie alternative : le planisme. Pour lui, il est nécessaire de réfuter la socialisation des moyens de production et la construction d'une société sans classes. Il estime que le secteur privé doit au contraire être encouragé, avec la suppression de certains monopoles, confiés à l'État, et qu'il convient de faire de celui-ci le protecteur de la libre-concurrence et de l'initiative individuelle.[1]

Dans le même temps, il faut rappeler la création, toujours en 1925, du Parti républicain autoritaire (PRA). Cette tentative

---

concurrencé par d'autres, plus activistes, plus militants, et fait figure de club intellectuel. En son sein militeront cependant l'architecte Le Corbusier, le peintre, sculpteur et céramiste Fernand Léger ou encore l'avocat Philippe Lamour. Le PFR, qui édite le journal *Révolution fasciste*, et voit graviter autour de lui des revues d'avant-garde comme *Plans*, *Prélude*, *L'Esprit nouveau* ou encore *L'Homme réel*, disparaîtra définitivement en 1945.

[1] Zeev Sternhell, *Ni droite ni gauche : l'idéologie fasciste en France*, Éditions du Seuil, 1983.

politique, lancée par Gustave Hervé[1] avec l'ancien député socialiste guesdiste Alexandre Zévaès (1873-1953) et le vieux communard Jean Allemane[2], illustre parfaitement le glissement d'une partie de la gauche révolutionnaire, gagnée aux idées nationales, vers l'alternative fasciste. Parti d'une gauche patriote anti-internationaliste, le PRA devient en 1927 le Parti socialiste national (PSN), puis la Milice socialiste nationale (MSN) en 1932. En 1933, Gustave Hervé en confie la direction à un ancien du Faisceau, valeureux vétéran de la Première Guerre mondiale, Marcel Bucard[3]. Celui-ci, bouclant la boucle,

---

[1] Né en 1871, Gustave Hervé est à l'origine un militant socialiste antimilitariste et anticolonialiste. Membre actif de la CGT, il participe à la fondation de la SFIO en 1905. Il y incarne l'aile socialiste-révolutionnaire et dans les colonnes de son journal *La Guerre sociale*, il appelle de ses vœux une grève sociale insurrectionnelle en cas de mobilisation. Il prend brutalement le contre-pied de toutes ses thèses dès l'entrée effective de la France dans la guerre. Rallié, sincèrement, à l'Union sacrée, il change le titre de son journal qui devient *La Victoire*. Ami de Mussolini, lui aussi animateur de l'aile gauche du Parti socialiste italien, et ce dès avant la guerre, il se rallie à l'idée d'une république dictatoriale. Il prend ses distances avec le fascisme après la nuit de Cristal (1938), saluant au passage l'engagement des anciens combattants juifs français dans la Grande Guerre. Opposé à la Collaboration avec l'Allemagne, il est souvent inquiété par la Gestapo, mais sans être arrêté. Il meurt à Paris en 1944. [Cf. Gilles Heuré, *Gustave Hervé. Itinéraire d'un provocateur. De l'antipatriotisme au pétainisme*, Éditions La Découverte, 1997.]

[2] 1843-1935. Figure du socialisme — il a été le fondateur du Parti ouvrier socialiste révolutionnaire en 1890 — et du syndicalisme — il est un des fondateurs de la CGT en 1895.

[3] Né en 1895 dans une famille rurale, très catholique, Marcel Bucard se prépare à la prêtrise lorsqu'éclate la Première Guerre mondiale. Plongé dans l'horreur des tranchées de l'Argonne, blessé quatre fois, cité dix fois à l'ordre du jour de l'armée, il est en 1917, à 22 ans, le plus jeune capitaine de l'armée française. Démobilisé en 1924, il est fasciné par l'expérience mussolinienne, ce mélange, à ses yeux, d'un nationalisme sans concession soudé à un socialisme patriotique. Le mouvement fasciste lui apparaît comme la revanche de la génération des tranchées face

transforme cette structure en un Mouvement franciste, pendant officiel et assumé du fascisme italien.[1]

Ces évolutions doctrinales ne touchent pas seulement les mouvements et les partis, mais aussi les individus. C'est donc très probablement en suivant ce type de cheminement qu'Henri Dupré, fils d'un plombier du Paris popu et prolo d'avant-guerre, socialiste mais patriote, jeune ancien combattant courageux, se rapproche du fascisme.

Au cours de l'émeute du 6 février 1934, les ligues nationalistes et les associations d'anciens combattants — dont, il convient de le souligner car le fait est très souvent passé sous silence, l'association communiste des anciens combattants, l'ARAC[2] — manifestent violemment contre les scandales financiers qui minent et discréditent la IIIe République. Réprimée dans la violence[3], la nuit du 6 février aura deux conséquences de taille. D'une part en enclenchant une dynamique de rapprochement des partis de gauche (radicaux, socialistes et communistes) qui va conduire à la constitution et à la victoire électorale du Front populaire. D'autre part en poussant certains activistes de droite à sortir de la légalité.

C'est notamment le cas de soixante-dix militants de la 17e section des Camelots du Roi, les troupes de choc de l'Action française. Sous l'égide de l'un d'entre eux surtout, Eugène

---

à la vieille garde politicienne d'avant-guerre. Bucard se met alors à fréquenter les groupes et groupuscules fascistes. En 1933, placé à la tête de la Milice socialiste nationale, il décide de fonder son propre mouvement : le Francisme. Il se rallie à la Collaboration en 1941. Interpellé en 1945, il sera jugé, condamné à mort et fusillé l'année suivante. [Cf. Alain Déniel, *Bucard et le francisme*, Éditions Jean Picollec, 1979.]

[1] « *Soyons nets : notre Francisme est à la France ce que le Fascisme est à l'Italie. Il ne nous déplaît pas de l'affirmer.* » Article de Marcel Bucard, *La Victoire*, numéro du 20 août 1933.

[2] Association républicaine des anciens combattants.

[3] On compte entre 16 et 20 morts (certains blessés décéderont plusieurs semaines après les faits) et plus de 2 000 blessés.

Deloncle[1], ils constituent en 1935 un petit Parti national révolutionnaire (PNR), parfois mentionné aussi sous l'intitulé de Parti national révolutionnaire socialiste (PNRS). Ce groupe ne cache pas son intention de préparer la lutte armée contre le communisme. Le PNR sert de façade légale à un ensemble de réseaux clandestins, connus sous le sobriquet global de « Cagoule »[2]. Ainsi naissent l'Organisation secrète d'action révolutionnaire nationale (OSARN), le Comité secret d'action révolutionnaire (CSAR) et les réseaux Corvignolles, chargés d'infiltrer l'armée.

Les « cagoulards » sont structurés militairement. La direction est organisée autour de quatre bureaux : discipline/recrutement/organisation, renseignements, instruction/opérations et enfin transports/munitions. Les hommes sont répartis en petites cellules de dix militants. Trois cellules constituent une unité ; trois unités forment un bataillon ; trois bataillons, un régiment ; deux ou trois régiments, une brigade. Chaque homme dispose d'un revolver ou d'un fusil, chaque unité dispose d'un fusil-mitrailleur.[3]

Les fonds ne manquent pas car de nombreux industriels sont mis à contribution. On retrouve certains donateurs habituels des mouvements nationalistes comme les cognacs Hennessy, les

---

[1] Polytechnicien et ingénieur né en 1890, Eugène Deloncle est officier d'artillerie pendant la Première Guerre mondiale et blessé sur le front de Champagne. Il adhère à l'Action française dans les années 20 avant de la quitter après le 6 février 1934, lui reprochant son manque de combativité. Fondateur de la « Cagoule », il se rallie au maréchal Pétain et fonde le Mouvement social révolutionnaire (MSR) en 1940. Dès 1942 ou 1943, il semble jouer double-jeu en entretenant des contacts avec la Résistance ainsi qu'avec certains secteurs de l'armée allemande opposés à Hitler. Il est arrêté une première fois par la Gestapo en août 1943 et détenu pendant un mois. Il est finalement abattu à son domicile par des agents allemands du *Sicherheitsdienst* (SD, les services de renseignement de la SS) en janvier 1944, emportant avec lui bien des secrets politiques des années 30 puis de l'Occupation.
[2] C'est l'Action française qui inventera ce surnom.
[3] Philippe Bourdrel, *La Cagoule : histoire d'une société secrète du Front populaire à la Ve République*, Éditions Albin Michel, 1992.

champagnes Taittinger ou le groupe textile Laederich. S'ajoutent de nouveaux venus comme les pneumatiques Michelin, les cosmétiques L'Oréal ou les huiles Lesieur. Probablement parrainés par les premiers financeurs, certains activistes rejoignent la Cagoule, parmi lesquels Henri Dupré.

Très logiquement, en juillet 1936, la Cagoule entre en contact avec les Nationalistes espagnols. La situation apparaît à beaucoup, y compris à gauche, comme les prémisses de ce qui attend la France. On imagine donc mal les militants de la Cagoule ne pas faire le rapprochement avec la situation française et la victoire électorale du Front populaire, coalition regroupant les socialistes, les communistes, les radicaux et l'USR[1].

Les élections législatives espagnoles des 16 et 23 février 1936 voient en effet la victoire du *Frente Popular*, équivalent du Front populaire français, dans une ambiance cela dit de fraudes importantes en faveur de la gauche, ainsi que sont venues le montrer des études récentes[2]. La victoire des gauches espagnoles, si elle est massive sur le plan des sièges, reste relative, avec moins de 50 % des suffrages exprimés, et extrêmement courte en voix (100 000 à 150 000 suffrages d'avance seulement sur les droites).[3] Surtout, ces résultats marquent le déclenchement quasi immédiat d'un processus révolutionnaire dans lequel les éléments extrémistes, aile gauche du PSOE[4], Parti

---

[1] Union socialiste républicaine, regroupement de trois petits partis situés à la charnière des radicaux et des socialistes : le Parti socialiste français (PSF), le Parti socialiste de France – Union Jean-Jaurès (PSdF) et le Parti républicain socialiste (PRS).
[2] Roberto Villa García et Manuel Álvarez Tardío, *1936. Fraude y violencia en las elecciones del Frente Popular*, Espasa, 2017.
[3] Voir à ce sujet mon livre, *Les Brigades internationales de Franco*, Éditions Via Romana, 2012.
[4] Partido Socialista Obrero Español (Parti socialiste ouvrier espagnol).

communiste espagnol, anarchistes de la CNT[1] ou de la FAI[2], prennent l'ascendant sur les modérés de leur propre camp (gauche républicaine, aile droite du PSOE). La conséquence immédiate est une explosion de la violence révolutionnaire avec des incendies et des saccages d'édifices religieux, de locaux politiques ou de sièges de journaux, des centaines d'agressions physiques d'opposants, des dizaines d'assassinats. Les militants de droite les plus aguerris et les mieux préparés, phalangistes et carlistes pour l'essentiel, ripostent à leur tour, tandis que dans l'armée se développe l'idée d'un coup d'État salvateur.

Persuadés que les gauches françaises ne vont pas tarder à suivre le modèle espagnol, ou que l'expérience espagnole va entraîner le pays dans une même dérive insurrectionnelle et violente, les cagoulards sont par conséquent au premier rang de ceux qui, en France, se rangent aux côtés du soulèvement des droites espagnoles, les 17 et 18 juillet 1936. En dehors du soutien journalistique et politique de la presse et des partis et mouvements de droite, plusieurs centaines de Français, probablement entre 900 et un millier, s'engageront militairement en Espagne dans les rangs de la rébellion nationaliste. Le fait, déjà peu connu en lui-même[3], dissimule en son sein l'existence d'un groupe paramilitaire encore moins connu : la Légion Tricolore.

De cette organisation, on ne connaît ni les initiateurs ni les donneurs d'ordre, Henri Dupré, en bon homme de l'ombre, reste très discret. Elle est, selon la plus entière vraisemblance, née d'une décision directe de l'état-major de la Cagoule. On voit difficilement en effet comment Dupré aurait pu bénéficier des moyens logistiques et financiers qui lui ont permis de mettre en place, depuis Perpignan, son officine de renseignements et la gestion de ses opérations. Mais la Cagoule, société secrète, au

---

[1] Confederación Nacional del Trabajo (Confédération nationale du travail), syndicat anarchiste.
[2] Federación Anarquista Ibérica (Fédération anarchiste ibérique).
[3] Je me permets de renvoyer une nouvelle fois le lecteur de cette postface à mon livre, *Les Brigades internationales de Franco*, Éditions Via Romana, 2012.

POSTFACE

fonctionnement militaire et cloisonné, n'a pas encore livré tous ses secrets, malgré les années.

Dès les premières semaines de la guerre civile espagnole, le *Komintern* voit tout le parti qu'il peut tirer de ce conflit en ce qui concerne la mobilisation de ses sections nationales, le rayonnement auprès des opinions publiques dans le monde, mais aussi la formation et l'aguerrissement politiques et militaires de ses cadres et militants les plus actifs. C'est ainsi qu'en septembre 1936 naissent, sous l'égide des communistes, les Brigades internationales.

La Légion Tricolore va donc infiltrer celles-ci pour pénétrer en Espagne et y semer la démoralisation et la désorganisation en sabotant, en désinformant et en exploitant les situations conflictuelles qui pouvaient se présenter. L'objectif est aussi, en s'appuyant sur la cellule clandestine installée à Perpignan, de renseigner l'état-major de la Cagoule, et par là même les services secrets de l'Espagne nationaliste.

C'est pourquoi Dupré adhère au Parti communiste français pour se doter d'une couverture politique.[1] Son passé de vétéran de la Première Guerre mondiale constitue un atout de poids, au sein d'un mouvement qui est à la recherche de militants ayant une expérience militaire confirmée. Au début du mois d'octobre 1936, à la tête d'une vingtaine d'hommes, disséminés pour mieux passer inaperçus, il part donc pour l'Espagne.[2]

Certains historiens, dont Jacques Delperrié de Bayac, spécialiste de l'histoire des Brigades internationales[3], se sont interrogés sur la véracité des faits rapportés par Henri Dupré, ou en tous les cas sur l'ampleur de certains, sans pour autant apporter

---

[1] Jean Maitron et Claude Pennetier, *Dictionnaire biographique du mouvement ouvrier français*, Éditions ouvrières, 1964-1997.

[2] J'ai estimé qu'au total, entre la base arrière et les remplacements, la Légion Tricolore avait compté une cinquantaine de participants.

[3] Jacques Delperrié de Bayac, *Les Brigades internationales*, Éditions Fayard, 1968.

la preuve de leur inexactitude. Par exemple la mise à pied et le rappel à Moscou du général soviétique Manfred Stern, dit Kleber. Cependant, et Delperrié de Bayac le reconnaît sans difficulté, il est absolument indéniable que le cagoulard Henri Dupré a été dans la proximité et l'intimité d'André Marty[1], Inspecteur-général des Brigades, stalinien convaincu et « grand inquisiteur » du *Komintern*. Sans que personne ne se doute de rien, Henri Dupré aura su être et demeurer, pendant plus de deux ans, l'homme de confiance d'un individu « *brutal, braillard, grossier et maladivement soupçonneux* »[2]. Même si Dupré a peut-être parfois — et je me répète, rien de concret ne l'indique — enjolivé son action, il ne s'est certainement pas borné au simple rôle d'observateur de la situation et des hommes.

C'est cette histoire, aussi étonnante que méconnue, d'une infiltration de la Cagoule au sein de Brigades internationales,

---

[1] André Marty (1886-1956) est un des grands noms du communisme français. Engagé dans la marine nationale en 1908, il semble avoir été un lecteur assidu de la presse socialiste. En 1919, alors que la flotte française est déployée à Odessa pour venir en aide aux Russes blancs contre les Bolcheviks, il est au cœur de la mutinerie des marins de la mer Noire au cours de laquelle sont déployés des drapeaux rouges. Condamné à 20 ans de travaux forcés par un tribunal militaire, il devient un symbole révolutionnaire. Membre du Parti communiste en 1923, il est élu député en 1924, ce qui lui vaut une immunité parlementaire que vient compléter une amnistie, décrétée par le cartel des gauches alors au pouvoir. Très impliqué dans le *Komintern*, il se voit confier l'organisation et la direction politique des Brigades internationales en Espagne, avec le titre d'Inspecteur-général. Se méfiant de tout et de tous, il lui sera reproché sa dureté, au point de se voir surnommé « le boucher d'Albacete » (ville de garnison des Brigades). Rentré en France en 1939, il séjourne à Moscou au moment de l'entrée en guerre de la France contre l'Allemagne. Il représente le PCF auprès du Gouvernement provisoire du général de Gaulle à Alger en 1943. Entré en disgrâce en 1947, il est exclu du PCF en 1952 à l'occasion d'un procès et d'une purge internes.
[2] Jean-Jacques Marie, *Staline*, Éditions du Seuil, 1967.

qu'Henri Dupré, avec une gouaille spontanée, a contée en un récit dont les pages sentent le soufre et l'action.

Durant l'Occupation, Dupré choisira très tôt, dès 1940, le camp de la Collaboration totale avec l'Allemagne en s'engageant dans les services de renseignements de l'armée allemande, l'*Abwehr*. Arrêté en 1946, il sera jugé, condamné à mort et fusillé en 1951. L'acte d'accusation l'avait présenté « *comme intelligent, d'un cynisme amoral, haut en couleur, d'une belle constitution physique, simulateur et empreint de théâtralité* »[1].

Sylvain Roussillon

---

[1] Jean Maitron et Claude Pennetier, *Dictionnaire biographique du mouvement ouvrier français*, Éditions ouvrières, 1964-1997.

LA TABLE

Préface de Pierre Costantini	7
Mai 1936	11
Introduction… dans le sérail	15
Les « Volontaires » de la Liberté	17
Perpignan	21
Passage de la frontière	25
Organisation communiste	27
Figueras	31
Prise de position	35
Le commandant Jean-Marie	39
Albacete	43
Madrid	47
Le couvent de Valverde	53
Kleber est limogé.	57
Concurrences	59
Offensives et sabotages	69
Dans Murcie	75
« Je suis relevé de mes fonctions. »	87
La bataille du Jarama	91
L'affaire de Guadalajara	99
À la base d'Albacete	113
Épuration d'Albacete	121
La gestion communiste à la base internationale	129
Drames	145
Mission en France	157
Retour en Espagne	175
Du nouveau	189
Retour en Espagne	205
Postface de Sylvain Roussillon	213

© 2020 Reconquista Press
www.reconquistapress.com